그린이 **박재현**
시각 디자인을 전공하고 그래픽 디자이너로 활동했습니다.
재미있게 상상한 것들을 어린이들과 함께 나누고 싶어 어린이 책 그림 작가가 되었습니다.
두 돌배기 아들과 그림으로 대화를 나누며 새로운 세상을 탐험하는 일이 가장 즐겁다고 합니다.
그린 책으로는 《꼬물꼬물 세균대왕 미생물이 지구를 지켜요》《투발루에게 수영을 가르칠 걸 그랬어!》
《지구 온난화의 비밀》《아빠는 나쁜 녀석이야!》 등이 있습니다.

이어령의
춤추는
생각 학교 ❻
생각이 뛰어노는 한자

첫판 1쇄 펴낸날 2009년 10월 5일
13쇄 펴낸날 2024년 5월 7일

지은이 이어령 **그린이** 박재현
발행인 김혜경 **편집인** 김수진
주니어 본부장 박창희
편집 박진홍 정예림 강민영
디자인 전윤정 김혜은
마케팅 최창호 **홍보** 김인진
경영지원국 안정숙
회계 임옥희 양여진 김주연
인쇄 효성프린원 **제본** 정민문화사

펴낸곳 (주)도서출판 푸른숲
출판등록 2003년 12월 17일 제2003-000032호
주소 경기도 파주시 심학산로 10, 우편번호 10881
전화 031)955-9010 **팩스** 031)955-9009
인스타그램 @psoopjr **이메일** psoopjr@prunsoop.co.kr
홈페이지 www.prunsoop.co.kr **제조국** 대한민국

Text copyright ⓒ이어령, 2009
Illustration copyright ⓒ박재현, 2009

ISBN 978-89-7184-636-0 74700
       978-89-7184-621-6 (세트)

* 잘못된 책은 구입하신 서점에서 바꾸어 드립니다.
* KC 마크는 이 제품이 공통안전기준에 적합하였음을 의미합니다.
* 먼지거나 떨어뜨려 다치지 않도록 주의하세요.
* 이 책 내용의 전부 또는 일부를 재사용하려면 저작권자와 푸른숲주니어의 동의를 받아야 합니다.

생각이 뛰어노는 한자

이어령 글 | 박재현 그림

이어령의
춤추는
생각학교
6

푸른숲주니어

글쓴이의 말

춤추는 생각 학교에 온 걸 환영한다!

이 책은 '나의 꿈, 나의 생각을 창조하는 마법의 춤 교실'이란다.

자유롭게 세상을 보려면
마음과 생각을 춤추게 해야 해.
걸음은 어떤 목적이 있어서 발을 옮기는 일이지만
춤은 즐겁고 신나서 몸이 저절로 움직이는 거야.

시험 기계란 말이 있잖아?
점수를 잘 받으려고 남이 가르쳐 준 대로
달달 외우기만 하면 재미도 없고
빠르게 변하는 세상을 따라갈 수도 없어.

생각을 춤추게 하라.
그리고 춤추듯 살아라.
삶은 즐겁고 아름다운 것이란다.

2009년 1월 이어령

| 차례 |

앞마당
동양 문화의 공룡 발자국, 한자 8

첫 번째 마당
한자는 어떻게 생겨났을까?

소리글자와 뜻글자 12
창힐 신화와 갑골 문자 18

두 번째 마당
한자가 모여 하나 둘 셋

모든 숫자가 다 모인 十 자 28
사방팔방 八 자 34

세 번째 마당
우주를 품은 한자

하늘 가족을 나타내는 글자 42
구름 끼고 비 오는 날에
우산을 들고 52

네 번째 마당
자연과 생명의 노래

물과 불이 한데 모이면 60
풀과 나무가 모여 숲이 되고
산이 되고 68

다섯 번째 마당
세상의 중심에 사람을 세우다

땅을 딛고 서서 두 팔을 크게 벌리다 80
너와 내가 더불어 사는 세상 86

여섯 번째 마당

내 몸은 작지만 위대한 우주

역사는 손에서 시작됐다 96
보고 듣고 말하고 숨 쉬고 100

일곱 번째 마당

가족이 함께 머무는 곳

하늘 지붕 아래 집을 짓자 114
부모 형제 모셔다가
천년만년 살고 지고 120

여덟 번째 마당

발과 수레바퀴로 움직이는 세상

두 발로 자유롭게 걷다 130
수레바퀴는 문명을 싣고 136

아홉 번째 마당

옛날 사람들은 어떻게 살았을까

생활을 담은 한자 142
칼도 되고 바늘도 되는 쇠 148

뒷마당

한자가 어렵다고? 그냥 즐겨! 154

책 속의 책

나의 작은 한자 사전 157

찾아보기 164

앞마당

동양 문화의
공룡 발자국,
한자

소리를 적은 여느 글자와 달리, 한자는 뜻글자라 그 풀이가 여간 재미나지 않아. 너, 만화책 좋아하지? 글만 보는 것보다 그림과 함께 보는 것이 훨씬 재미도 있고 이해도 빠르니까 그래. 한자도 만화책처럼 재미난 그림들을 모아서 만든 글자가 아주 많단다.

영어나 한글로 '비-rain'과 '우산-umbrella'를 써 놓으면 비가 내리는 모양이나 펼쳐 든 우산 같은 형상은 전혀 나타나지 않지. 하지만 한자로 쓰면 그렇지 않아. 비는 雨(우)라고 쓰고 우산은 傘(산)이라고 쓰지. 자세히 봐. 雨는 빗방울이 뚝뚝 떨어지고 있는 것 같고, 傘은 정말 우산살까지 그려져 있지 않니?

왜 한자를 알아야 하느냐고? 그래, 너에게 한자는 아주 낯설고, 때로는 보기만 해도 어려운 말도 많을 거야. 학교에서도 배우지 않는 걸 굳이 배우고 싶지 않을 수도 있겠다.

그런데 말이야, 너 혹시 공룡 좋아하니? 네 또래 친구들은 대부분 브라키오사우루스 같은 초식 공룡부터 티라노사우루스 같은 육식 공룡까지 이름과 모습을 줄줄이 꿰고 있더라. 공룡 이름이 아무리 어려워도 거기에 관심을 두고 재미를 붙이면 금세 외워지잖아. 그건 한자도 마찬가지야.

공룡과 한자의 공통점은 또 있어. 공룡들이 지금 우리 시대에는 한 마리도 남아 있지 않는데 어떻게 그 모습을 알 수 있었을까? 맞아. 공룡 뼈와 발자국 화석을 요모조모 꿰어 맞추어서 전체 모습을 상상해 낸 거지. 나아가 공룡이 어떻게 살았는지, 공룡이 살던 시대는 어떤 모습이었는지 알아내기도 하고 말이야. 공룡의 뼈와 발자국 화석을 통해 우리는 아주 먼 옛날로 여행한 셈이지.

한자로도 시간 여행을 떠날 수 있단다. 한자는 동양 문화와 함께 태어나 자라 왔고, 옛날 사람들은 자기 마음과 생각을 한자에 담아서 나타냈지. 따라서 한자에는 동양 문화의 역사가 담겨 있어. 그러니까 한자가 처음에 어떤 모양이었고 어떻게 바뀌어 왔는지 알면 자연스레 동양 문화의 뿌리를 깨닫게 돼.

조선 시대 양반들처럼 한글을 업신여기는 태도도 잘못된 것이지만, 요즘처럼 한자를 아예 쓰지 말자고 하는 것도 바람직한 태도는 아니라고 생각해. 한글과 한자를 균형 있게 잘 쓰면 우리 문화가 그만큼 풍부해지고 넓어질 수 있거든. 지금은 우리나라 말로 굳어져 한글로 적고 있는 말 가운데 따져 보면 한자말이 꽤 많단다. 또 한자로 써 주면 뜻이 분명해지기도 하지. 예를 들어 '국가'라고 한글로 써 놓으면 '나라'라는 뜻인지 '나라의 노래'라는 뜻인지 알 수가 없지. 하지만 그 옆에 '國家' 또는 '國歌'라고 한자로 써 놓으면 그런 혼란이 생기지 않아.

어때, 한자 세상으로 한번 여행을 떠나 보고 싶지 않니? 보기에는 복잡하고 어려워 보여도 차근차근 뜯어보면 그 속에 깊은 뜻과 재미난 이야기들이 잔뜩 들어 있어. 이제부터 한자의 숲으로 함께 들어가, 동양 문화의 발자국을 들여다보자.

첫 번째 마당

한자는 어떻게 생겨났을까?

창힐 신화와 갑골 문자

소리글자와 뜻글자

우리말과 영어는 글자 여러 개가 모여서 뜻을 이루는 소리글자야.
한자는 글자 하나하나가 뜻을 나타내는 뜻글자지.

옛날에 페르시아의 다리우스 왕이 스키타이를 침공했을 때였어. 스키타이 사람들은 다리우스 왕에게 새, 쥐, 개구리와 다섯 개의 화살을 그려 보냈대. 그게 무슨 뜻이겠니? '그대들은 새가 되어 하늘로 올라가거나 쥐가 되어 구멍 속으로 들어가거나 개구리가 되어 물속으로 숨는 게 좋을 거다. 그러지 않으면 이 화살에 맞아 죽음을 피하지 못하리라.'는 협박이었단다. 스키타이 사람들은 글자를 가지고 있지 않았기 때문에 이렇게 그림을 그려 뜻을 전했던 거야.

이 세상에 사람들이 쓰는 말은 3천 개쯤인데, 글자는 고대 글자까지 통틀어도 겨우 4백 개밖에 안 된대. 일본 북부 지역에 살던 아이누 족도, 화려하고 빼어난 아스텍 문명을 이룬 고대 멕시코 원주민들도 글자가 없었어.

글자가 없던 시대에 사람들은 그림으로 생각을 전달하려고 했어. 하지만 그 그림이 무슨 뜻인지 해석해 보라면 아마 열이면 열 모두 다를걸. 뜻이 잘못 전달되어 낭패를 본 일이 한두 번이 아니었을 거야.

그런데 그림 글자가 꼭 불편하기만 할까? 때로는 사물이나 뜻을 나타내는 그림 글자가 아주 간편하고 한눈에 쏙 들어오기도 하지. 그래서 오늘날에도 그림 글자를 쓰는 경우가 많아. 교통 표지판이 그렇지 않니? '서라', '가라', '돌아가라'는 말을 그림으로 표시해 놓잖아. 화장실 표시도 그래. 남자 화장실에는 모자를 쓴 사람을 그려 놓고, 여자 화장실에는 치마를 입은 사람을 그려 놓기도 하잖아.

그림 글자는 모양으로 사물을 나타내기 때문에 소리를 적은 글자보다 뜻이 잘 통할 때가 있단다. 이렇게 소리보다는 사물의 모양을 본뜬 대표적인 글자가 바로 한자야.

중국은 땅이 아주 넓어. 우리나라의 백 배 가까이 된단다. 그리고 그 넓은 땅에 60여 민족이 어울려 살고 있어. 당연히 지역에 따라 민족에 따라 말이 다르겠지? 그런데 만약 한글처럼 소리를 적는 글자를 썼다면 어떻게 되었겠니?

우리나라는 중국보다 훨씬 좁은데도, 제주도 같은 지역에는 영 알 수 없는 사투리가 많아. 제주도에서는 닭을 '독'이라고 하고 달걀을 '독새끼'라고 하지. 만약 '독새끼'를 보내 달라는 편지가 왔다면, 글자를 읽을 줄 아는 사람이라도 제주도 사투리를 모르면 그게 무슨 뜻인지 알 수 있겠니?

하지만 달걀을 한자로 鷄卵(계란)이라고 써 놓으면, 일본 사람이건 미국 사람이건 글자 모양만 보고도 얼추 앞 글자는 새를 뜻하고 뒤 글자는 알을 뜻한다는 걸 눈치챌 수 있지. 마치 세계 어디에서나 신호등을 보고 운전을 할 수 있는 것처럼 말이야. 그래서 여러 나라 사람들이 오가는 공항 같은 곳의 모든 표지를 한자로 통일하자는 학자들도 있단다.

이처럼 한자는 글자 하나하나가 뜻을 나타내는 뜻글자야. 반면에 우리말과 영어는 소리를 기호로 나타내고, 이 기호들이 모여서 뜻을 이루는 소리글자이지.

한자가 좋다는 이야기가 아니야. 오히려 한자는 글자 수도 많고 복잡해서 여간 불편한 글자가 아니지. 중국이 일찍 근대화를 이루지 못한 것이 한자 때문이라고 안타까워하는 중국인들도 있어. 다만 중국처럼 땅이 넓고 여러 민족이 함께 어울려 사는 나라에서는 뜻글자가 소리글자보다 훨씬 편하게 쓰일 수도 있다는 거야.

옛날에는 중국 사람과 한국 사람, 일본 사람이 만났을 때 서로 그 나라 말은 몰라도 큰 불편 없이 자기 뜻을 전달할 수 있었대. 말이 통하지는 않지만 한자를 써서 생각을 주고받을 수 있었거든. 그냥 가벼운 인사 정도가 아니라, 어려운 철학이나 정치 같은 주제를 가지고 토론을 벌일 수도 있었어. 그야말로 혀가 아니라 붓으로 이야기를 나눈 거지. 이걸 필담이라고 해.

그런데 소리글자를 쓰는 서양은 그렇지 않아. 서양 사람들은 같은 알파벳을 쓰면서도 나라마다 말이 달라. 그래서 영국 사람이 프랑스에 가도, 프랑스 사람이 이탈리아에 가도 서로 생각을 주고받을 수 없어. 길거리의 간단한 간판조차 읽을 수가 없지.

그러니까 뜻글자인 한자를 잘 이용하면 소리글자인 알파벳을 쓰는 서양보다 훨씬 더 유리한 문화권을 이룰 수 있어. 많은 사람들이 21세기에는 우리나라, 중국, 일본 같은 아시아 태평양 지역의 나라가 세계 문명을 이끌어 갈 거라고 예상하는데, 그 이유 가운데 하나로 한자를 꼽는단다.

창힐 신화와 갑골 문자

한자는 언제 어떻게 생겨났을까?
은나라 때 생겨난 갑골 문자에서 그 실마리를 찾을 수 있어.

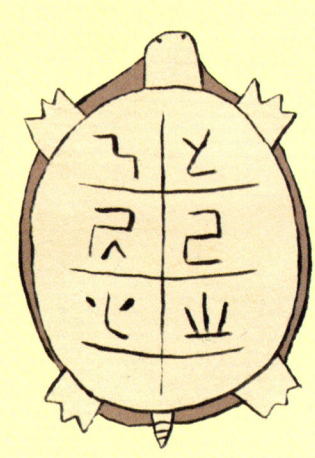

얼마 전 중국에서는 큰 소동이 벌어졌어. 산둥 성에 있는 작은 마을에서 신석기 시대 유적이 발견되었는데, 그곳에서 나온 질그릇에 글자 여남은 자가 쓰여 있었기 때문이야. 중국 학자들은 이것이 가장 오래전에 만들어진 글자라고 추정하고 있어. 이게 사실이라면 중국 사람들은 4천5백 년 전쯤부터 한자를 써 온 셈이야.

그러니 한자를 누가 어떻게 만들었는지 밝혀내기란 쉽지가 않지. 사람들 사이에서는 한자가 만들어지게 된 사연이 신화처럼 전해져 내려오고 있어.

신화에 따르면 창힐이라는 사람이 한자를 처음 만들었대. 창힐은 중국을 처음 세운 황제를 도와 역사를 기록하고 문서를 보관하던 사람이었어. 황제의 업적을 기록해서 남기려면 글자가 있어야겠지? 창힐은 새와 짐승의 발자국을 보고 한자를 만들었다고 해. 창힐이 마지막 글자를 완성하던 날 밤이었어. 깜깜한 어둠 속에서 느닷없이 슬피 우는 소리가 들리는 거야. 창힐은 깜짝 놀라 물었지.

"누구냐? 왜 그렇게 슬피 우는 거냐?"

그랬더니 이상한 말소리가 들려오는 거야.

"나는 어둠을 다스리는 귀신이오. 그런데 당신이 글자를 만든 바람에 쫓겨나게 되었단 말이오. 당신이 만든 글자 때문에 난 힘을 쓸 수 없게 되었소."

그러면서 밤새도록 구슬프게 울더래. 그뿐이 아니야. 창힐이 글자를 만들자, 하늘에서 곡식이 비처럼 내리기도 했단다.

정말로 이런 일이 일어났을 리 없지. 하지만 신화에 담겨 있는 뜻을 되새겨 보면 저절로 고개를 끄덕이게 돼. 사람한테 글자가 얼마나 중요한지 잘 나타내 주는 이야기잖아. 글자가 없었다면 사람은 원시 생활을 벗어나지 못했을 거야. 아무리 환한 대낮이라고 해도 깜깜한 밤과 다를 게 뭐가 있겠니? 글자가 발명되고 나서야 어둡고 답답한 시대가 걷히고, 밝고 풍요로운 시대가 시작되었어. 그러니 어둠을 다스리는 귀신이 울고 갈 만하지. 그래서인지 중국 사람들은 오늘날까지 창힐이 태어났다고 알려진 마을에 무덤을 만들어 놓고 해마다 제사를 지내며 고마운 마음을 전한단다.

아마도 한자는 신화처럼 어떤 한 사람이 만든 건 아닐 거야. 오랜 세월을 두고 여러 지역에서 여러 사람의 생각과 손을 거치며, 조금씩 고쳐지고 다듬어졌겠지. 마치 산속에 오솔길이 생겨나듯이 말이야.

그런데 한자의 기초가 언제 어떻게 생겨났는지 보여 주는 실마리가 있어. 기원전 1천 5백 년 무렵 은나라 때 생겨난 갑골 문자가 바로 그거야. 갑골 문자는 아주 오랫동안 사람들의 기억 속에서 잊혀졌다가 최근에야 다시 세상에 나오게 되었단다. 여기에 얽힌 재미난 이야기가 있어.

너 혹시 하루거리라는 병을 아니? 바로 말라리아를 말하는데 옛날에는 이 하루거리에 걸린 사람들이 적지 않았어. 하루거리에 걸리면 여름인데도 추워서 온몸이 벌벌 떨리지. 그런데 이상하게도 다음 날이 되면 거짓말처럼 말짱해지는 거야. 그러다가 다시 다음 날에는 또 추워서 벌벌 떨려. 그래서 병 이름도 하루거리였단다. 어지간해서는 낫지 않는 병이라서 모두들 무서워했지.

중국 베이징에서 살던 왕의영이라는 관리도 1899년 하루거리에 걸리지 않았겠니? 왕의영은 한동안 끙끙 앓아누워야 했어. 이런저런 약을 다 써 봤지만 병은 나을 기미가 안 보였지. 그러다가 왕의영은 용 뼈가 하루거리에 특효약이라는 소문을 듣게 되었어. 처음에는 세상에 용 뼈가 어디 있냐고 코웃음을 쳤지만, 지푸라기라도 잡는 심정으로 용 뼈를 사들였어.

왕의영은 무심코 용 뼈를 들여다보다 문득 무언가를 발견했어. 이제껏 한 번도 본 적이 없는 옛날 글자가 용 뼈에 새겨져 있는 게 아니겠니? 왕의영은 옛날 비석이나 그릇에 새겨진 글자를 연구해 온 학자였어. 왕의영은 자기 집에 머물고 있던 학자 유철운과 함께 이 뼈에 새겨진 글자를 조사하기 시작했어. 그리고 그것이 고대 글자라는 것을 알게 되었단다.

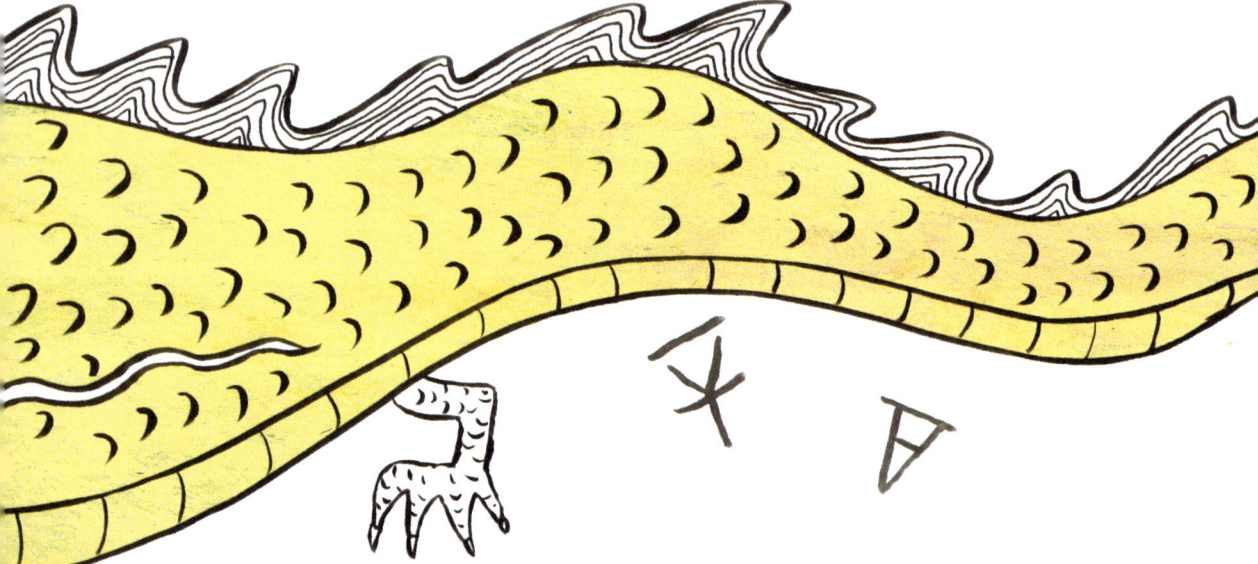

왕의영은 비싼 값을 내고 상인들한테서 더 많은 용 뼈를 사들이기 시작했어. 그때까지 왕의영은 그 뼈들이 어디에서 났는지, 무엇에 썼던 것인지도 몰랐어. 당연히 그 뼈에 새겨진 글자가 어떤 뜻인지도 몰랐지. 이 세상에 용 뼈가 정말 있을 리가 없잖아. 용은 사람의 꿈이나 이야기 속에서만 살아온 짐승이니까. 상인들이 용 뼈라고 판 그 뼈는 오래된 거북의 등이거나 소 같은 짐승의 뼈였지. 상인들은 용 뼈라 믿게 하려고 글자 같은 것이 보이면 모두 깎아 버렸기 때문에 대부분 뼈에는 이렇다 할 흔적이 남아 있지 않았어. 그래서 연구를 해 나가기가 여간 어렵지 않았지. 그러던 중에 왕의영은 역사의 소용돌이에 휘말려 그만 세상을 뜨고 말았단다.

홀로 남은 유철운은 그 뼈들이 나온 곳을 끈기 있게 추적한 끝에 고대 국가 은나라의 궁궐 터에서 나왔다는 사실을 알게 되었어. 그곳 농부들이 밭을 갈다가 이상한 뼈들을 발견하고는 약방에 팔았던 거지.

이렇게 해서 전설로만 내려오던 은나라가 실제로 존재한 고대 왕조라는 사실이 밝혀졌어. 뼈에 새겨진 글사들은 무엇일까? 그건 하늘에 제사를 지내고 운수를 적어 놓은 점괘였어. 사람들은 '뼈에 새겨진 문자'라는 뜻으로 갑골 문자라고 불렀단다.

정말 기막힌 일이지? 만약 왕의영이라는 관리가 하루거리에 걸리지 않았다면, 그가 옛 글자를 연구하던 학자가 아니었다면, 그 집에 학자 유철운이 머무르지 않았다면 갑골 문자는 영원히 역사 속에 묻혀 버렸을지도 모르잖아. 그랬다면 옛 글자들은 계속 깎여 버린 채 한약재로 팔려 나가 가루가 되었겠지.

그 뒤로도 유철운은 훼손이 안 된 뼈를 구해서 연구를 거듭했어. 그리고 모양이 잘 보존된 글자들을 추려 책으로 내보였지. 고대 글자의 출현에 전 세계 사람들은 커다란 충격에 빠졌단다. 동양 문명의 역사가 1천 년 넘게 앞당겨지는 놀라운 사건이었거든. 갑골 문자에 대한 연구는 오늘날까지 끊임없이 이어져 뼈에서 찾아낸 글자는 무려 3천 자나 된대. 갑골 문자는 한자가 어떻게 생겨나서 어떻게 바뀌어 왔는지 또렷이 보여 주고 있단다.

이렇게 한자는 갑골 문자에서 시작하여 그 뜻과 모양이 조금씩 달라지면서, 동양 문화의 한복판을 강물처럼 흘러 내려왔어. 중국 사람뿐만 아니라 아시아에 사는 사람들은 대부분 한자로 공부를 하고 생각을 나타내었지. 물론 우리나라도 마찬가지야. 그러니 우리 문화와 역사를 알려면 좋든 싫든 한자라는 숲을 지나가야 해.

한자의 숲을 어떻게 여행해야 할까? 무엇보다 한자를 하나하나 꼼꼼히 뜯어봐야 해. 한자는 뜻글자니까 글자 하나하나에 자신이 지나온 역사를 품고 있거든. 옛 사람들이 살아가던 모습, 그리고 생각과 마음이 담겨 있는 셈이지. 마치 화석들이 선사 시대 이야기를 담고 있는 것처럼 말이야. 자, 이제부터 신나고 재미난 한자 여행을 시작해 볼까?

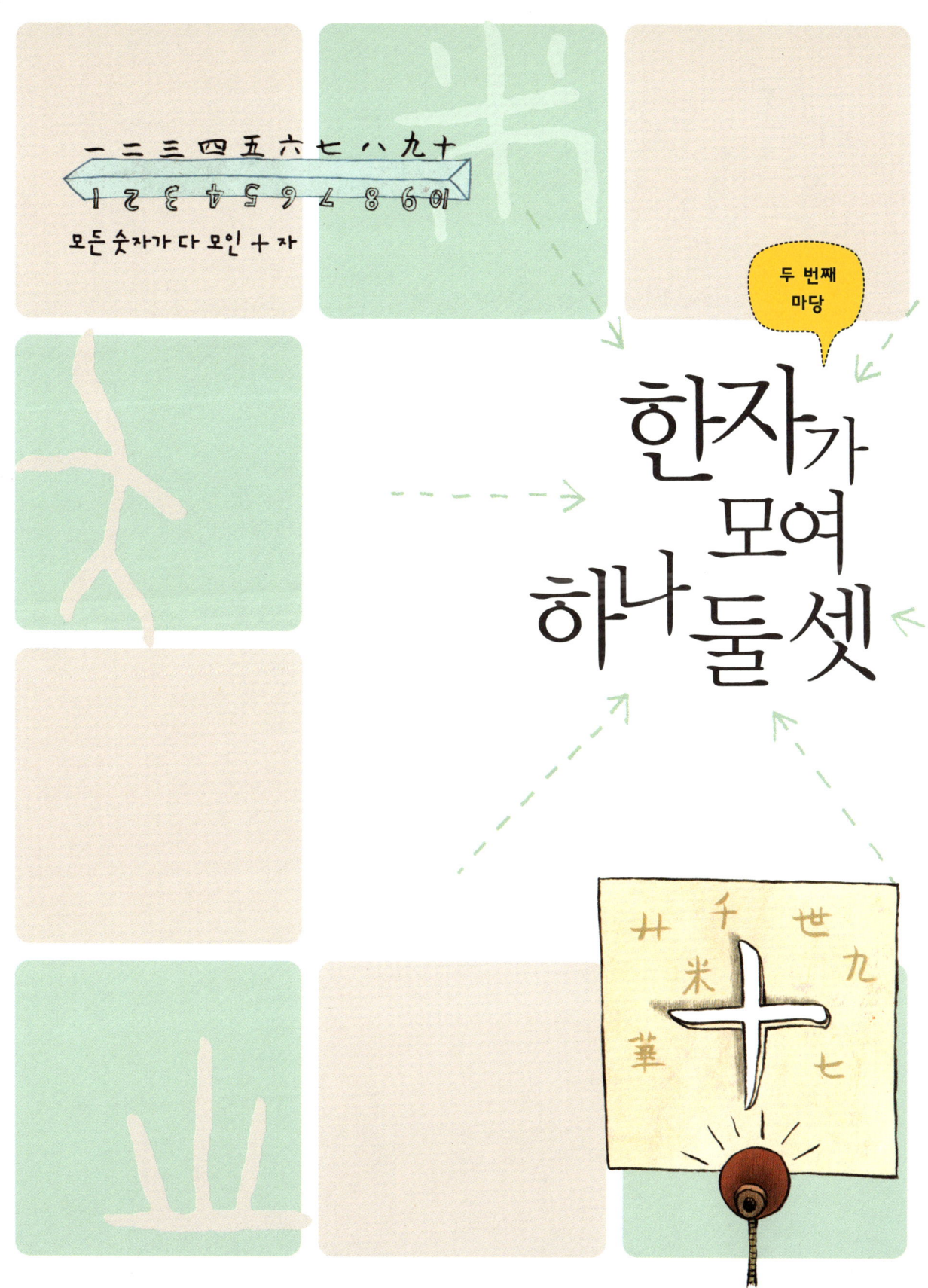

모든 숫자가 다 모인 十자

十(십)은 사방에서 온갖 숫자가 모이는 것을 나타낸 글자야.
손가락을 펴서 가로세로로 겹쳐 놓은 모양이기도 하단다.

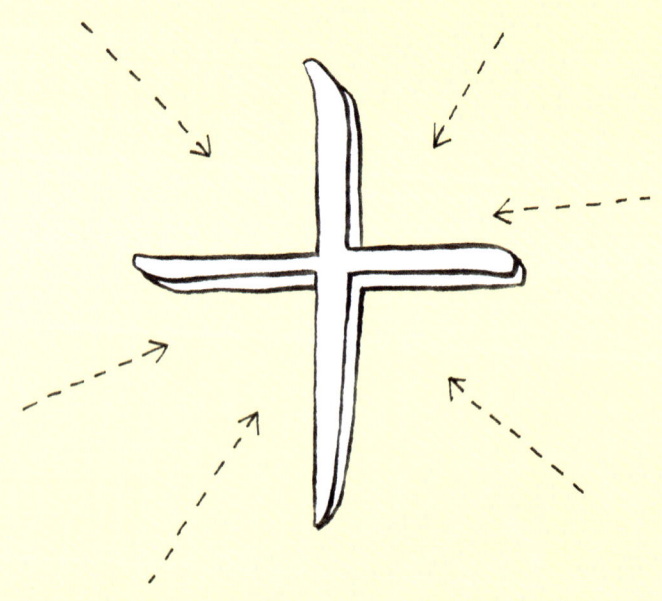

사람들이 하나를 나타날 때 주로 어떻게 하지? 그렇지, 손가락 하나를 내밀지. 그 손가락을 간단히 그려 놓으면 一(일) 자가 돼. 그리고 손가락 두 개를 그리면 二(이) 자가 되고, 세 손가락을 포개 놓으면 三(삼) 자가 되지. 어, 벌써 힘 하나 안 들이고 한자를 세 자나 깨쳤네. 이처럼 한자는 알고 나면 쉽고 재미난 글자란다.

그럼 三 자를 옆으로 돌려놓으면 어떤 글자가 될까? 한번 살펴봐. 어떤 모양처럼 보이니? 그래, 물이 흘러가는 모양처럼 보이지? 그래서 냇물을 뜻하는 川(천) 자가 된 거야. 川 자에 얽힌 재미난 이야기가 하나 있어.

　옛날에 글자라고는 川 자밖에 모르는 무식한 영감이 있었대. 어느 날 이 영감 앞으로 한자로 씌어진 편지 한 통이 왔어. 영감은 동네 사람들에게 자기가 얼마나 유식한지를 뽐내려고 편지글을 샅샅이 뒤져 川 자가 있나 찾아보았지. 그런데 영 눈에 띄지 않는 거야. 한참 뒤에 그 영감은 제일 마지막에 적어 놓은 날짜 부분에 三月(삼월)이라고 쓴 글자를 보지 않았겠니? 영감은 얼씨구나 좋다, 하고 이렇게 소리쳤다는구나.
　"아니, 이놈의 川 자가 이 구석에 와서 누워 있으니, 어디 찾을 수가 있나!"
　그 무식쟁이 영감이 三 자를 보고 川 자가 누워 있는 걸로 생각한 거지. 어때, 우리는 이런 무식쟁이 영감은 되지 말아야겠지?

그러면 넷을 나타내는 한자는 어떻게 쓸까? 손가락 네 개를 그리면 되나? 그렇지 않아. 숫자가 커질 때마다 손가락을 하나씩 덧붙이면 나중에는 오히려 너무 복잡해져서 읽기 어려워질 거야. 그래서 머리를 좀 써서 간단한 모양으로 四(사)라고 나타내었지.

이제 껑충 뛰어서 열을 나타내는 十(십) 자를 보자. 十은 사방에서 온갖 숫자가 전부 모이는 것을 나타낸 글자야. 손가락이 다 모이면 열 개지? 그걸 가로세로로 겹쳐 놓은 모양이 十 자란다. 十 자는 어디서 많이 본 모양 같지 않니? 그래, 교회당 위에 세워 놓은 십자가가 이런 모양이구나. 십자가라는 말도 바로 이 十 자에서 나온 말이야. 서양에서는 이걸 '십자가'라고 하지 않고, 가로와 세로로 교차한다는 뜻으로 '크로스 cross'라고 해. 그러니까 서양 사람들은 십자가를 보고 十 자를 떠올리지도 않고, 10이라는 숫자를 상상하지도 않는다는 얘기지.

그럼 20은 어떻게 쓸까? 맞아, 二十이라고 쓰면 되겠네. 그런데 이 방법 말고도 20을 나타내는 한자가 또 있어. 10이 두 개 있으면 되니까 十 자 두 개를 붙여 놓으면 되지. 스물을 뜻하는 卄(입) 자란다.

지구의 모든 생명과 자연을 한꺼번에 일컬을 때 우리는 세계라는 말을 쓰지. 이때 '세'를 한자로 世라고 써. 世 자를 자세히 살펴보렴. 十 자 세 개가 나란히 어깨동무를 하고 있어. 十 자 세 개를 한데 엮어 놓았으니 얼마나 크고 넓다는 뜻이겠니? 世는 넓은 것, 온 누리, 그리고 햇수로는 한 세대를 나타내는 30년을 뜻하는 글자란다.

요즘은 나이가 한 살 차이만 나도 세대 차이가 난다고들 하지만, 원래 한 세대는 30년을 이르는 말이었어.

　十자가 더 많이 들어간 글자도 있어. 사람은 몇 살에 환갑을 맞는 줄 아니? 맞아, 예순한 살이야. 환갑을 화갑이라고도 하는데, 이때 꽃을 의미하는 華(화) 자를 써. '화려하다'고 할 때의 바로 그 華 자야. 원래 華는 커다란 꽃이 활짝 피어난 모양을 본떠 만든 글자야. 그런데 이 華 자에는 十 자 모양이 여섯 개, 그리고 一 자가 하나 들어 있어. 숫자로 나타내면 61이지. 진짜 절묘하지 않니?

사방팔방 八자

동서남북을 한 번 더 나누면 동남쪽, 남서쪽, 서북쪽, 북동쪽 팔방이 되지.
동양에서는 이 팔방을 방향을 가리키는 기본으로 삼았어.

한자에는 숫자를 나타내는 재미난 글자가 참 많아. 우리 민족이 제일 많이 먹는 곡식이 뭐지? 쌀이지. 그러니 쌀을 뜻하는 한자 정도는 알고 있는 게 좋겠지? 쌀은 한자로 米(미)라고 써. 어, 그런데 여기에도 十자가 들어 있네? 곡식 낟알이 十자를 가운데 두고 사방에서 모여든 모양이잖아. 十자를 써 놓고 사방에 곡식 낟알 같은 점을 하나씩 찍어 봐. 米자를 금세 익힐 수 있지?

米 자를 다른 방식으로 풀이할 수도 있어. 가운데 十 자를 떼어 내면 여덟을 뜻하는 八(팔) 자 두 개가 남지? 그러니까 米 자는 八, 十, 八 이렇게 글자 세 개를 합쳐 놓은 것이야. 세 글자를 연달아 읽어 볼까? 팔십팔, 곧 숫자 88이 되네. 88은 쌀과 아주 관련이 깊은 숫자란다. 옛말에 사람이 먹는 밥 한 톨 한 톨에는 농부의 손길이 여든여덟 번씩 닿아 있다고 했어. 그만큼 농사짓는 일이 힘들고, 정성이 많이 들어간다는 얘기지. 그러니 밥상에 오른 쌀밥을 보면서 땀 흘려 곡식을 기르는 농부들을 한 번쯤 떠올려 봤으면 해.

그러고 보니 어느새 八 자를 배워 버렸네? 아라비아 숫자 8은 새끼줄처럼 동그랗게 꼬여 있지만, 한자 八은 다리를 쩍 벌린 것처럼 열려 있어. 八은 길이 왼쪽과 오른쪽으

로 나뉘어 있는 모습을 본뜬 글자야. 왜 길이 갈린 모습을 여덟을 뜻하는 글자에 담았을까? 八은 방향과 깊은 관련이 있기 때문이지. 사방은 동서남북 네 방향을 말하잖아. 이것을 한 번씩 더 나누어 보렴. 동남쪽, 남서쪽, 서북쪽, 북동쪽이 더해져서 팔방이 되잖아. 동양에서는 이 팔방을 방향을 가리키는 기본으로 삼았어. 그래서 사방팔방이라는 말이 생겨난 거란다.

　노래면 노래, 공부면 공부, 운동이면 운동 어느 것 하나 못하는 게 없는 친구를 뭐라고 부르니? 팔방미인이라고 하잖아. 그리고 여기저기 참견하기 좋아하는 녀석들을 조롱할 때도 팔방미인이라고 한단다.

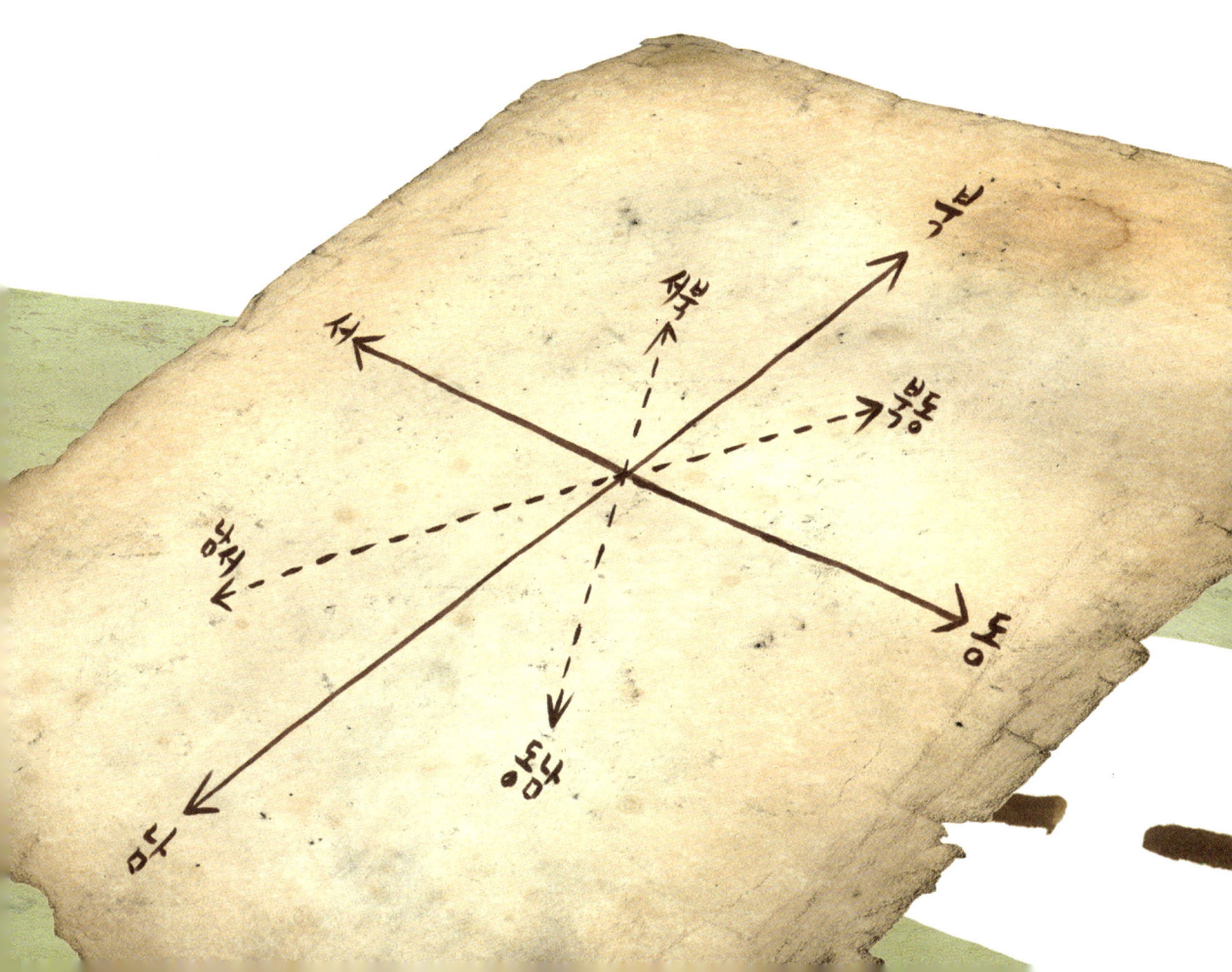

八 자를 알았으니, 앞서 배운 四 자가 왜 그런 모양이 되었는지 다시 한 번 살펴보자. 넷을 뜻하는 四 자는 동서남북 네 방향을 나타낸 데서 생겨났어. 네 방향을 모두 이어서 그림으로 그리면 네모(口) 모양이 돼. 그리고 그 속에다 八 자를 넣으면, 짠! 四 자가 되었네. 여기에 들어간 八 자는 '나눈다'는 뜻이야. 그러니까 四 자는 네 방향으로 나뉜 모양을 나타낸 글자지.

四 자 다음에는 다섯을 뜻하는 五(오) 자를 배워야지. 五 자도 알고 보면 어려운 글자가 아니야. 三 자에다가 一 자 두 개를 세로로 이어 놓은 거거든. 五 자는 다섯 손가락을 모두 편 모양을 나타낸 것이라고도 하고, 二와 三을 겹쳐 쓴 것이라고도 해.

여섯을 뜻하는 六(육) 자는 왜 이런 모습일까? 六 자 아랫부분을 보면 八 자가 들어가 있어. 四 자가 그랬듯이 말이야. 그래서 사람들은 六 자가 '들어간다'는 뜻의 入(입) 자에다 八 자를 넣은 글자, 즉 육은 팔 안에 들어가는 숫자라는 데서 비롯된 글자라고 풀이하곤 해. 또는 六 자가 양손의 손가락 세 개씩 펴 보이는 모양이라고 말하는 사람도 있어.

일곱을 뜻하는 七(칠)은 十 자에서 내려 긋는 획을 세 번 구부린 모양이라고 해. 그래서 七 자는 10에서 3을 뺀 숫자를 보여 주는 글자라는 거지.

그러면 이번에는 十 자에서 가로 긋는 획을 한 번 구부려 볼까? 아홉을 뜻하는 九(구) 자가 돼. 구부리는 것을 빼는 것으로 생각하면 되지. 九 자가 생겨난 까닭을 달리 풀이하는 사람도 있어. 여러 길이 구불구불 엇갈린 모습을 나타냈다고도 하고, 사람 팔꿈치가 구부러진 모양을 나타낸 글자라고도 이야기해.

이처럼 사람들은 한자 한 글자를 놓고 여러 가지로 풀이하곤 해. 어느 것이 맞는지 딱 꼬집어 말할 수 없을 때가 많아. 중요한 건 그렇게 여러 방법으로 뜻을 풀다 보면 옛날 사람들의 마음을 엿볼 수 있다는 거지.

앞서 우리가 배운 숫자를 찬찬히 들여다봐. 一 자와 八 자, 그리고 十 자를 알면 하나에서 열까지의 숫자를 다 알 수가 있어. 한 가지 글자를 알면 천 가지 글자를 더 알 수 있는 게 한자의 묘미지. 이 밖에 一, 八, 十에서 뻗어 나간 글자에는 어떤 것이 있을까? 네가 한번 알아보렴.

39

하늘 가족을 나타내는 글자

한자를 알면 우리가 보내는 시간과 세월 속에
하늘(天)의 해(日)와 달(月)이 들어와 함께 살고 있다는 것을 알게 돼.

사람이 결혼해서 자손을 낳고 가족을 이루는 것처럼 한자도 가족을 이루고 있단다.

우리가 성씨로 조상과 가족을 구별하듯이 한자에도 가족이나 혈연을 나타내는 성이 있어. 이것을 부수라고 해. 여기서 왼쪽 부수는 '변', 오른쪽 부수는 '방'이라고 불러.

오늘날 한자는 모두 5만 자가 넘는데, 이것을 가족별로 나누어 보면 214종류에 이른단다. 그 많은 한자 가족을 다 알 수는 없겠지? 하지만 그중에서 식구가 많고 자주 등장하는 가족은 손가락으로 꼽을 수 있어. 우리나라에 이씨, 김씨, 박씨가 제일 흔하듯이 한자에도 잘 알려진 대가족들이 있단다.

우선 하늘 가족부터 만나 보자. 그러려면 가족의 중심이 되는 하늘 천(天) 자와 먼저 인사를 나누어야겠지? 갑골 문자에서는 天 자를 오른쪽에 보이는 것처럼 나타냈어. 사람이 머리에 뭔가 이고 있는 모습 같지 않니? 옛날 사람들은 머리 위에 펼쳐진 파란 하늘, 어두컴컴한 하늘, 온갖 놀라운 자연 현상을 일으키는 하늘을 이처럼 간결하고 멋지게 나타냈단다.

아주 먼 옛날부터 하늘을 지키는 주인은 해와 달이었지. 옛날 사람들이 해와 달 모양을 어떻게 글자에 담았을까?

해는 동그랗게 생겼으니까 동그란 원을 그리면 되겠지? 그리고 거기에서 햇빛이 나오니까 한가운데에다 점 하나를 딱 찍어 놓았어. 물론 옛날 사람들은 태양 속에 흑점이 있다는 걸 몰랐지만, 신기하게도 글자를 보면 꼭 흑점 같은 것이 하나 찍혀 있어.

옛날에는 종이가 없었으니까 동물의 단단한 뼈나 대나무에 글자를 새겨야 했어. 딱딱한 데다 글자를 새기려면 동그란 모양보다는 직선으로 긋는 것이 더 쉽겠지? 그래서 해를 나타내는 글자가 네모난 모양으로 바뀌게 되었단다. 해를 뜻하는 日(일) 자가 이렇게 해서 생겨난 거야.

日 자는 여러 글자와 합쳐져서 많은 식구를 거느리고 있어. 日 자 위에 반점을 찍듯 사선을 살짝 그어 보렴. 白(백) — 이런 글자가 돼. 白 자 위에 삐친 획(´)은 바로 햇빛을 나타낸 거야. 햇빛은 밝고 환하잖아. 그래서 白은 희고 밝고 깨끗한 것을 뜻하지.

이번에는 日 자 밑에 — 자를 붙여 볼까? 아침을 뜻하는 旦(단) 자야. 해가 지평선 위로 막 떠오르는 모양을 나타낸 글자란다. 새해 아침을 원단(元旦)이라고 해. 여기에도 旦 자가 들어가는구나.

日 자와 九 자를 합치면 어떻게 될까? 해가 아홉 개나 있으니 얼마나 밝고 눈부시겠니? 그래서 아주 빛난다는 뜻의 旭(욱) 자가 되었어.

日 자에 十 자를 합치면 해가 열 개니까 더 빛날 게 아니냐고? 그렇게 해서 만들어진 글자가 早(조) 자야. 그런데 早는 旭보다 더 빛난다는 뜻이 아니라, 이른 아침을 뜻한단다. 이때 十 자는 해가 떠오르는 동쪽을 뜻해. 早는 원래 旦과 같은 뜻으로 쓰였지만, 세월이 흐르면서 오늘날에는 '이르다, 빠르다'는 뜻으로도 쓰여. 동네 아저씨들이 아침 일찍 모여서 축구하는 모임을 조기 축구회(早起 蹴球會)라고 하잖아. 이때 早 자를 쓴단다.

그러고 보니 시간을 뜻하는 時(시) 자에도 日 자가 붙어 있네. 해는 아침에 떠올라 한낮에 하늘 높이 솟았다가 저녁이면 서산 너머로 저물지. 해가 지나는 길을 보면 시간을 알 수 있으니까 시간을 뜻하는 글자에 日 자가 들어 있는 건 당연해. 이처럼 日 자와 어우러진 한자 가족들은 해나 날과 관계가 있다고 생각하면 틀림없어. 가령 봄을 뜻하는 春(춘) 자에도 日 자가 들어 있는데, 이 글자는 햇볕[日]을 받은 새싹이 땅에서 돋아나는 모양[夫]을 나타내는 거란다. 또 맑은 날씨를 뜻하는 晴(청) 자는 日 자와 푸르다는 뜻의 靑(청) 자가 합쳐진 글자야. 푸른[靑] 하늘에 해[日]가 떠 있으니 맑고 화창한 날씨일 수밖에.

日 자가 환하고 밝고 빛나는 느낌을 지닌 글자에만 들어 있는 것은 아니야. 반대로 어둡다는 뜻을 지닌 暗(암) 자에도 붙어 있어. 전기가 없던 옛날에는 해가 져서 어두워지면 아무것도 보이지 않았어. 그 대신 낮에는 들리지 않던 자그마한 소리들까지 귀에 들려왔지. 그러니까 어둠은 소리가 살아나는 시간이자 공간이었어. 이처럼 어둠을 소리로 나타낸 멋쟁이 글자가 바로 暗 자야. 이제 暗 자에서 소리를 뜻하는 글자를 찾을 수 있겠지? 그래, '음악(音樂)' 할 때 들어가는 音(음) 자야. 이 音 자는 원래 말씀을 뜻하는 言(언) 자와 같은 뿌리였는데, 세월이 흐르면서 사람의 말[言]과 동물(사물)의 소리[音]로 나뉘게 된 거란다.

그럼 밤하늘에 뜨는 달은 어떻게 나타냈을까? 달은 생김새가 시시때때로 바뀌지. 해는 늘 둥그렇지만 달은 초승달에서 시작하여 보름달이 되었다가 다시 그믐달이 되어 사라지니까. 만일 보름달을 그려 놓으면 어떻게 될까? 해인지 달인지 구분하기 어려울 게 뻔하겠지? 그래서 달을 나타내는 글자는 초승달 모양을 닮았단다. 月(월) ― 이렇게 말이야. 왼쪽의 갑골 문자를 보면 그 느낌이 한결 또렷이 살아날 걸. 정말 초승달처럼 생겼지?

달은 한 달에 한 번씩 초승달로 태어나 보름달로 자랐다가 다시 그믐달로 이울잖아. 그래서 月은 한 달을 가리키는 말로 쓰이기도 해. 이에 견주어 해[日]는 날마다 떴다 지

니까 하루를 나타내기도 하지. 또 두 글자를 나란히 같이 쓴 日月(일월)은 우리가 살아가는 하루하루와 한 달 두 달의 세월을 뜻하는 말이 된단다.

어, 그런데 혹시 日月을 보면서 어떤 글자를 떠올리지 않았니? 그래, 두 글자가 하나로 합쳐진 明(명) 자가 있지. 해도 달도 저마다 밝은데, 그 둘이 한데 합쳐졌으니 얼마나 밝겠어? 밝다는 뜻을 지닌 글자란다.

이 明 자를 가지고 한자말을 만들어 볼까? 날이 새로 밝으면 다음 날이 되지? 그래서 다음 날인 내일을 明日(명일)이라고 해. 오호, 日과 月 두 한자만 가지고 明日이라는 낱말을 멋지게 만들었네?

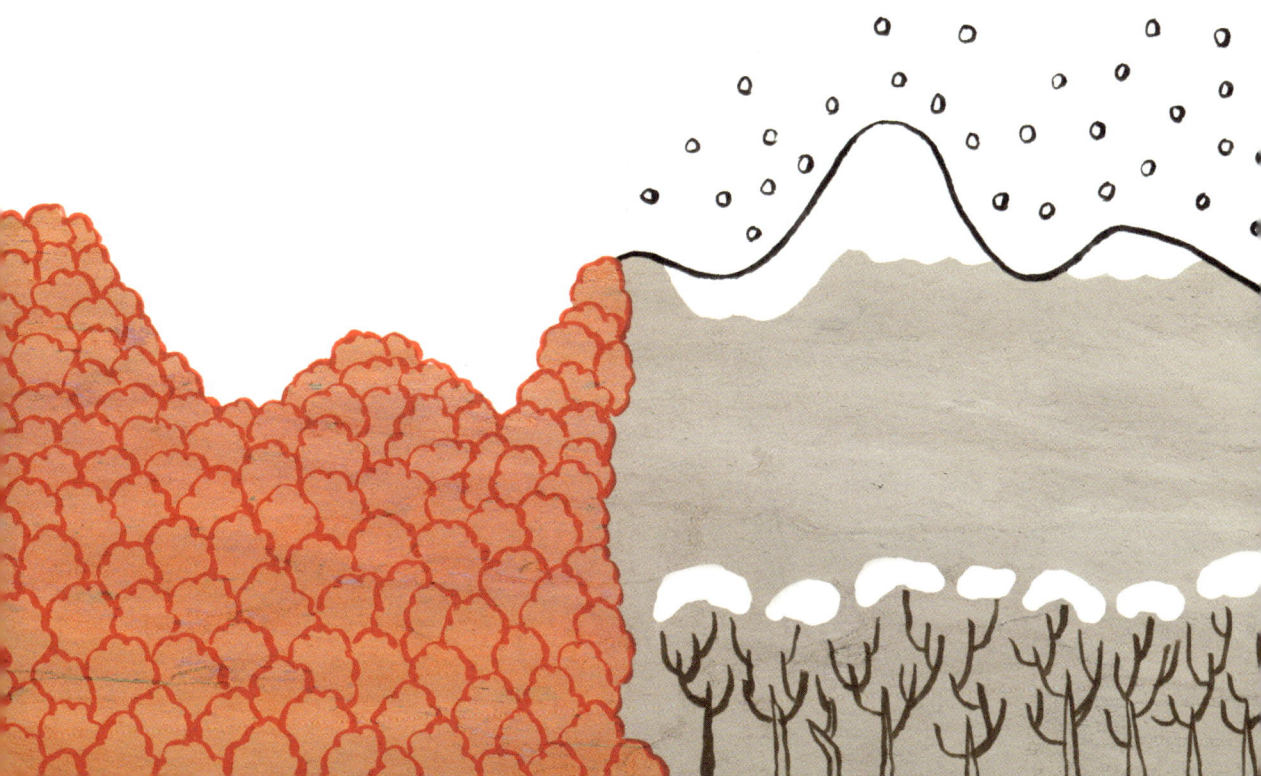

이 밖에도 月 자와 합쳐진 글자가 수두룩하게 많아. 하지만 이때 쓰이는 月 자가 모두 달을 뜻하는 건 아니야. 月 자는 '근육, 고기'를 뜻하는 肉(육) 자를 간단하게 쓴 글자이기도 해서 고기와 관련된 한자가 더 많단다. 달과 가족을 이루는 글자는 생각보다 많지 않아. 달은 해처럼 혼자 가족을 만들기에는 아무래도 힘이 좀 달렸던 모양이야.

밤하늘에 달과 함께 떠 있는 별까지도 달이 아니라 해와 짝을 짓고 있어. 별을 뜻하는 한자는 星(성)이야. 星 자를 보니 맨 위에 日 자가 있네. 그 밑에 있는 生(생) 자는 태어난다는 뜻을 지닌 글자야. 사실 星 자는 요즘 글자이고, 예전 글자는 좀 더 복잡한 모습이었어. 曐 ― 이렇게 말이야. 生 자 위에 해를 세 개나 이고 있네? 해를 뜻하는 日 자 세 개가 함께 묶이면 반짝반짝 빛난다는 뜻을 지닌 晶(정) 자가 돼. 그러니까 별은 반짝반짝[晶] 빛을 내는[生] 것이라는 뜻이지. 그리고 보면 옛날 사람들은 글자를 참 멋지게 만들었어. 별들은 마치 수정을 깔아 놓은 듯 밤하늘을 아름답게 수놓고 있잖니?

어때, 이제 일일, 이일, 삼일 같은 낱말이나 일월, 이월, 삼월 같은 낱말도 한자로 쓸 수 있겠지? 일, 이, 삼이라는 숫자는 벌써 배웠으니까 여기에 日과 月을 덧붙이면 돼. 一日, 二日, 三日……, 그리고 一月, 二月, 三月…….

그저 글자만 배운 게 아니야. 우리가 하루하루 보내는 시간 속에, 그리고 한 달 두 달 지내는 세월 속에 바로 하늘의 해와 달이 들어와 함께 살고 있다는 것까지 알게 되었지. 정말 멋진 일이지 않니?

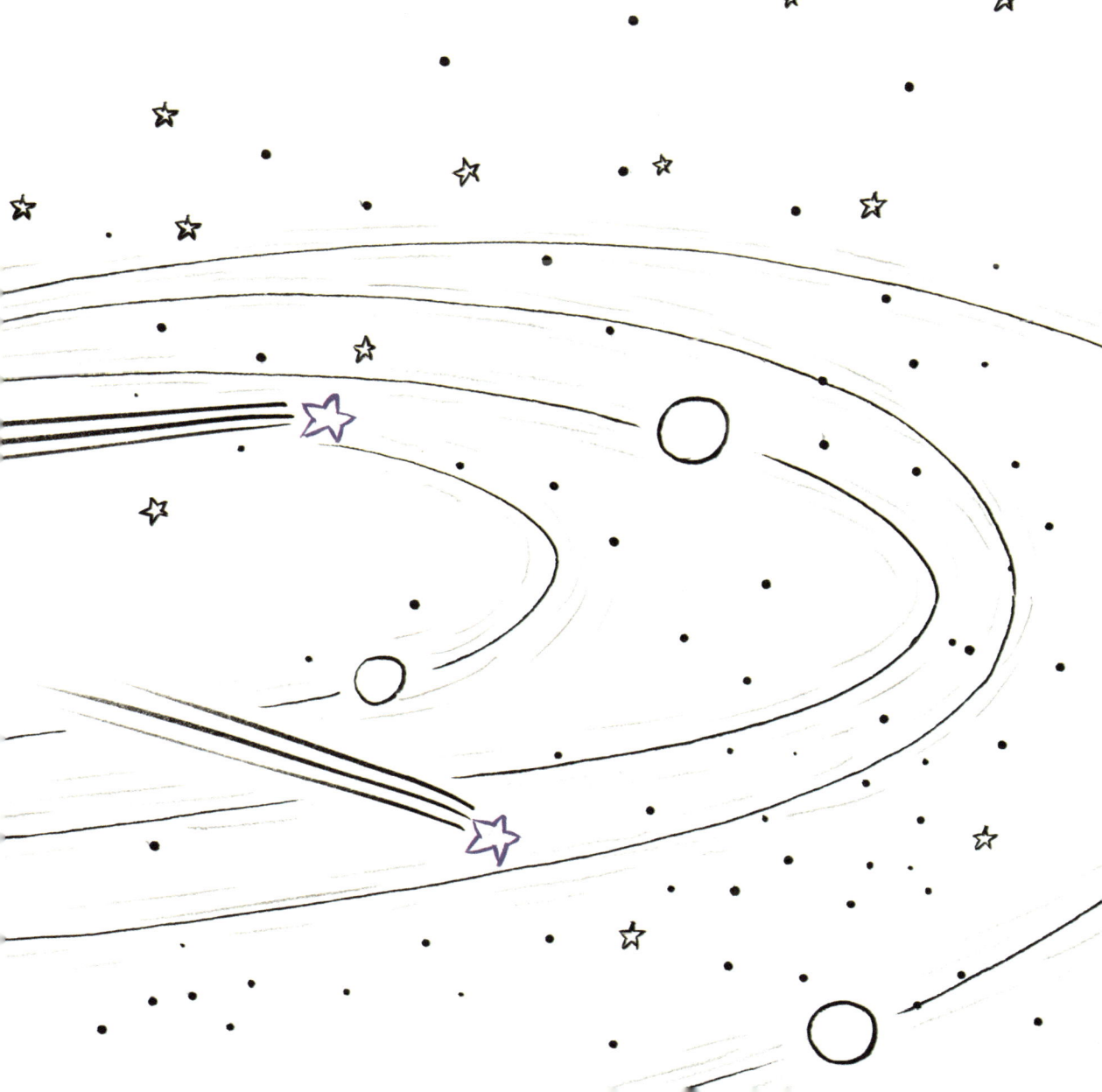

구름 끼고 비 오는 날에 우산을 들고

雨傘(우산)을 보고 있으면 비 오는 날 우산을 들고 운치를 즐기는 사람들 모습이 보이는 것 같지 않니?

해가 늘 빛나는 것만은 아니야. 해가 아무리 이 세상에서 으뜸가는 것이라고 해도 구름에 가려지면 그 빛이 흐려지고 말아. 한자로는 흐린 날을 어떻게 나타냈을까? 그 글자에서는 해가 어디로 숨었을까?

흐린 날을 뜻하는 글자로는 曇(담) 자가 있어. 너무 복잡해서 기절할 것 같다고? 크게 숨을 내쉰 다음에 찬찬히 잘 살펴보렴. 아무리 복잡해 보여도 한 글자 한 글자 차근차근 풀어 보면 해답을 얻을 수가 있어.

우선 해(日)가 어디 있는지 찾아볼까? 맨 꼭대기에 놓여 있네. 그럼, 그 밑에 있는 글자는 무얼까? 바로 구름을 뜻하는 雲(운) 자야. 그것참, 딱 맞아떨어지는 글자네! 해가 구름 위에 있으니 날씨가 흐릴 수밖에. 안 그러니? 해가 파란 하늘에 떠 있어 맑은 날을 뜻하는 晴(청) 자와는 반대말이 되겠구나.

구름을 뜻하는 雲 자도 어렵다고? 아냐, 雲 자도 알고 보면 참 쉽고 재미난 글자야. 우선 위쪽에 있는 雨 모양부터 살펴볼까? 무엇처럼 보이니? 비가 쏟아지는 것 같지 않니? 글자 가운데에 점 네 개가 보이지? 그게 바로 빗방울이야. 구름에서 빗방울이 떨어지고 있는 모양을 본떠서 비를 뜻하는 雨(우) 자를 만든 거란다.

그다음에 云(운) 자는 무엇을 본뜬 글자일까? 이 글자의 옛 모양을 보면 금세 알아차릴 수 있을 거야. 혹시 하늘에 떠다니는 뭉게구름이 생각나지 않니? 맞아, 구름을 뜻하는 글자야. 나중에 云 자는 '무엇을 말한다'는 뜻으로 쓰이게 되었단다. 그래서 雲 자는 云 자에 雨 자를 덧붙여서 구름이라는 뜻을 확실하게 드러낸 거지. 말하자면 雲 자는 云 자의 손자뻘쯤 되는 셈이야. 曇 자를 보면 구름 위에 비, 비 위에 해가 있어서 아직 비는 내리지 않지만, 곧 한바탕 쏟아질 것 같은 우중충한 날씨가 떠오르지 않니?

雨 자도 많은 글자 가족이 있어. 하늘에서 내리는 하얀 눈을 뜻하는 雪(설) 자에도 雨 자가 들어 있지. 추운 겨울에는 비가 눈으로 바뀌어서 내리니까 당연히 雨 자가 들어가야지. 그리고 雨 자 밑에 있는 ㅋ 모양은 빗자루로 쓰는 모양을 본떠 만들었어. 그러고 보니 '청소(淸掃)' 할 때 쓰는 掃(소) 자에도 ㅋ가 들어 있구나.

　雪 자를 풀어 보면 마치 한 폭의 멋진 그림을 보는 듯해. 한겨울에 하늘에서 하얀 눈이 내리고, 사람들이 쌓인 눈을 빗자루로 쓰는 풍경을 담은 그림 말이야.

번개도 雨와 관계가 있지. 번개를 뜻하는 한자는 電(전)이야. 雨 자 밑에 이상한 꼬리(甩)가 붙어 있네? 그건 번개 치는 모양을 본뜬 것이야. 번개가 치면 하늘이 번쩍이고 일순간 온 세상이 환해지지? 이 한자를 보는 순간, 머릿속에 떠오르는 이야기가 없었니? 미국의 정치가이자 과학자로 유명한 프랭클린이 번개 치는 날 연을 날려 전기를 실험했다는 이야기 말이야. 번개는 자연에서 일어나는 전기 현상이잖아. 그래서 오늘날 電 자는 전기를 뜻하는 글자로도 쓰인단다.

그럼 번개가 칠 때 나는 천둥소리도 雨 자와 관계가 있겠네? 그래, 천둥을 뜻하는 글자는 雷(뇌) 자야. 천둥소리와 번개를 아울러 뇌성벽력이라는 어려운 말을 쓰는데, 이때 바로 雷 자를 쓰지. 雷 자에서 雨 자 아래 글자는 밭을 뜻하는 田(전) 자야. 그러니까 천둥은 번개가 밭과 같은 땅에 떨어질 때 나는 소리라는 뜻이야. 또 어떤 사람은 천둥이 모양은 없고 소리만 있으니, 電 자에서 꼬리를 살짝 떼어 냈다고 풀이하기도 해.

이 밖에도 안개, 진눈깨비, 서리를 나타내는 글자들도 雨 자의 가족이야. 또 雨 자 가족에는 어떤 글자들이 있는지 네가 한번 찾아보렴.

참, 마지막으로 한 글자만 더 살펴보자. 우산을 뜻하는 傘(산) 자인데, 아마도 이 글자는 雨 자와 먼 친척뻘쯤 되겠다. 傘 자를 찬찬히 들여다봐. 어때? 정말 우산을 편 모양 같지 않니? 우산살도 제법이고 우산대도 그럴듯하지? 雨 자와 傘 자를 알았으니 당연히 우산도 한자로 쓸 수 있겠지? 雨傘 ― 이렇게 말이야. 비 오는 날 우산을 들고 가는 사람들 모습이 보이는 것 같지? 주룩주룩 비 오는 소리도 들리는 것 같아. 가슴속에 비 오는 날의 서정도 모락모락 피어오르는 것 같고 말이야.

네 번째 마당

자연과 생명의 노래

물과 불이 한데 모이면

물과 불이
한데 모이면

水(수)는 이 땅의 모든 생명을 키워 준 젖줄이고,
火(화)는 오늘날 인간 문명을 이룰 수 있게 이끌어 준 고마운 존재야.

하늘 가족을 알아보았으니 이제 땅 가족을 알아보아야지. 땅에 있는 것들을 본뜬 한 자에는 어떤 것들이 있을까?

하늘에는 별들의 강인 은하수가 흐르듯이, 땅에는 냇물이 흐르고 있지. 앞서 우리는 川(천) 자를 배웠어. 물이 흘러가는 모양을 본떠 만든 글자라고 말이야. 이 川 자 양쪽을 더 꺾으면 어떤 모양이 될까? 水(수) — 이런 모양이 되겠지? 역시 물을 나타내는 글자야. 물이 흘러가는 모양을 본뜬 글자라는 점에서는 川 자와 다를 것이 없단다.

川 자나 水 자보다 물이 더 많이 더 멀리 흘러 내려가는 모양을 나타내려면 어떻게 해야 할까? 옛날 사람들은 水 자 꼭대기에 물길을 하나 더 내 주었어. 永(영) — 이렇게 말이야. '길다, 영원하다'는 뜻을 지닌 글자야. 옛날 사람들은 물이 여러 갈래로 끝없이 흘러가는 모습을 보며 영원히 이어지는 시간과 공간을 떠올렸나 봐. 영원하다는 것은 눈으로 보거나 손으로 만질 수 없는데, 이걸 물로 나타낼 생각을 하다니, 정말 그럴듯하지 않니?

그런데 永 자와 아주 비슷한 글자가 있어. 水 자 왼쪽 획 위에 점 하나를 찍어 볼까? 그럼 氷(빙) 자가 돼. 물에 돌멩이를 던졌는데 돌멩이가 가라앉지 않은 모양이네. 아하! 물이 꽁꽁 언 상태인가 보다. 그래서 얼음을 뜻하는 글자로 쓰인단다.

水 자는 획이 사방으로 뻗쳐 있어서 다른 글자와 짝을 지어 글자를 이루려면 좀 어색해 보여. 그래서 변 자리로 갈 때는 모양을 氵로 바꾸고 '물 수 변'이라 읽어.

물 수 변을 쓰는 한자는 무엇이 있나 알아보자. 우리는 냇물보다 더 큰 물길을 강이라고 해. 이때 쓰는 한자가 바로 江(강)이야. 한강, 낙동강 같은 강 이름에는 모두 江 자가 붙지? 또 江과 비슷한 뜻을 지닌 글자로 河(하) 자가 있어. '하천(河川)'이라는 낱말에도 河 자가 쓰이는구나.

江과 河 중에서 어느 쪽이 더 크냐고? 江과 河는 크고 작음을 견줄 수 없어. 옛날에 중국에서는 남쪽에 있는 큰 물길을 江이라 했고, 북쪽에 있는 큰 물길을 河라고 했대. 그래서 남쪽에는 양쯔 강〔長江〕이 있고, 북쪽에는 황허〔黃河〕가 있지. 오늘날에는 그런 구별 없이 섞어서 쓰고 있어.

이처럼 水 자가 여러 식구를 거느렸으니, 당연히 川 자도 식구가 있겠지? 川 자 사이사이에 점을 찍으면, 냇물과 냇물 사이에 있는 땅을 의미하는 州(주) 자가 된단다. 그래서 그런지 강 주변의 평야 지대에 들어선 마을은 州 자가 들어간 이름이 많아. 신의주, 해주, 광주, 나주처럼 말이야.

水 자나 川 자만 가지고 정말 여러 개의 한자가 생겨났구나. 물론 이 밖에도 물과 관련된 아주 많은 한자 가족이 있어. 그만큼 옛날 사람들이 물을 소중하게 여겼다는 얘기야. 물이 사람뿐만 아니라 이 땅의 모든 생명들을 키워 주는 젖줄이라는 사실을 알고 있었던 거지.

땅에 있는 것들 가운데 물과 가장 반대되는 성질을 가진 것은 무엇일까? 그래, 불이야. 물은 아래로 흐르고, 불은 위로 타오르지. 물은 차갑고, 불은 뜨거워. 이 세상에서 물과 불처럼 성질이 완전히 반대되는 것도 보기 힘들 거야. 그러면서도 닮은 데가 많지. 글자도 그렇단다.

불을 뜻하는 한자는 火(화) 자야. 불꽃이 타오르는 모양을 본뜬 글자지. 불도 인간에게 아주 소중한 존재란다. 불을 사용하면서 사람들은 비로소 추위와 어둠을 물리치게 되었잖아. 또한 맹수와 싸워 이길 수 있는 강력한 무기를 지니게 되었고, 먹을거리를 굽거나 끓여서 먹을 수 있게 되었어. 어디 이뿐이겠니? 인간 문명은 불이 지닌 힘에서 시작했다고 해도 틀린 말이 아니지.

그러니 火 자도 水 자처럼 다른 글자와 만나서 여러 한자들을 만들어 냈어. 火 자 두 개가 모이면 뜨거운 불꽃을 뜻하는 炎(염) 자가 돼. 어때, 가까이 다가가기만 해도 데일 것 같지 않니?

水 자처럼 火 자도 다른 글자와 만나면서 때때로 그 모양이 변해. 점 네 개를 찍어 灬(화)— 이런 모양으로 만들어. 불꽃이 활활 타오르는 것 같지 않니? 뜨거운 열을 뜻하는 熱(열) 자, 활활 타오르는 불꽃같이 사나운 성질을 나타내는 烈(열) 자 아랫부분에서 火 자가 변한 灬 자를 볼 수 있어.

그런데 묘하게도 水 자와 火 자는 정말 많이 닮지 않았니? 그러고 보니 한글도 물 자와 불 자가 서로 닮았네? 물에서 뿔 두 개가 돋으면 불이 되잖아. 모양은 비슷한데도 뜻은 정반대라니 참 재미난 것 같아.

재미난 게 또 하나 있어. 서로 앙숙인 물(냇물)과 불을 합쳐 놓은 글자가 있단다. 물과 불이 만나 어떤 글자를 만들었을까? 바로 災(재) 자가 물과 불을 합쳐 놓은 글자야. 아래쪽 글자는 火 자이고, 위쪽 글자는 巛 자가 살짝 모양을 바꾼 것이지. 그럼 災 자는 무슨 뜻일까? 물과 불이 만나면 어떤 일이 벌어지겠니? 아주 큰불이 나고 물이 넘쳐흐르는 광경을 떠올려 봐. 정말 무시무시하지? 옛날부터 화재와 홍수는 인간이 가장 두려워한 재난이었어. 災 자는 바로 재난이라는 뜻을 나타낸 글자야.

물과 불은 이 땅을 이루는 가장 근원이 되는 것이야. 인간을 비롯한 모든 생명에게 없어서는 안 될 고마운 존재이면서 한편으로는 그 모든 걸 단번에 없앨 만큼 아주 무서운 힘을 지녔지. 이처럼 물과 불로 이루어진 한자에는 고마운 마음과 두려운 마음이 함께 담겨 있단다.

풀과 나무가 모여
숲이 되고 산이 되고

식물이 있기에 지구는 초록빛 생명의 힘을 유지할 수 있어.
옛날 사람들도 식물의 소중함을 알고 그 마음을 글자에 담았단다.

이 땅에는 풀과 나무 같은 수많은 식물이 흙에 뿌리를 내리고 물을 빨아들이며 자라고 있어. 식물이 있기에 지구는 초록빛 생명의 힘을 유지할 수 있지. 옛날 사람들도 식물의 소중함을 알고 그 마음을 글자에 담았단다.

먼저 나무부터 살펴볼까? 나무는 흙 속에 뿌리를 내리고 하늘을 향해 꼿꼿이 자라나. 이 나무를 본떠 만든 글자가 바로 木(목) 자야. 왼쪽의 갑골 문자를 봐. 아주 곧고 단단한 나무를 보는 것 같지 않니?

나무는 사람과 아주 끈끈한 인연을 맺어 왔어. 열매는 사람들 배를 채워 주고, 아름다운 꽃은 눈을 즐겁게 해 주며, 가지와 잎은 시원한 그늘이 되어 주지. 또 집을 짓거나 물건을 만드는 재료가 되어 주고, 불을 지피는 땔감이 되어 줘. 무엇보다 나무는 모든 생명이 숨 쉴 수 있는 산소를 만드는 소중한 존재야. 그러니 아낌없이 모든 것을 주는 나무와 관련된 한자 가족도 많을 수밖에.

木 자를 써 놓고 가만히 들여다보자. 나무에는 뿌리가 있는데, 그것이 어느 부분에 있지? 손으로 한번 가리켜 봐. 뿌리는 나무줄기 밑에 있어. 그 자리를 줄로 그어 표시하면, 本(본) — 이런 모양이 되겠지? 바로 나무뿌리를 의미하는 글자야. 나무는 아무리 많은 나뭇가지를 뻗고, 아무리 멋진 꽃과 열매를 맺어도 땅에서 물과 양분을 빨아들이는 뿌리가 없으면 곧 죽고 말아. 그러니 생명의 바탕, 근본이 바로 뿌리인 셈이지.

그러면 이번에는 나뭇가지 위쪽에 조금 전처럼 줄로 그어 표시를 해 보렴. 끝 혹은 마지막을 뜻하는 末(말) 자가 되지. '결말(結末)', '종말(終末)' 할 때 쓰는 末 자란다.

두 글자를 합치면 本末(본말)이라는 낱말이 되지. 이게 무슨 뜻일까? 本은 바탕이고 末은 끝이니, 시작과 끝이라는 뜻이야. '어떤 일의 본말이 뒤바뀌었다'는 말을 들어 본 적이 있니? 세상 모든 것은 원인(시작)과 결과(끝)가 있는 법이거든. 열심히 운동을 해야 건강하고, 다른 사람 이야기에 귀를 기울여야 지혜로운 사람이 되지. 열심히 노력하지 않고 좋은 결과를 바라는 건 本末이 뒤바뀐 거지? 本末이 뒤바뀌면 나무가 죽고 마는 것처럼 세상도 엉망이 되고 말아.

末 자와 비슷하게 생긴 글자가 있어. 未(미) 자야. 未 자는 아직 새싹이 돋기 전의 나뭇가지 모양을 본뜬 글자란다. 새싹이 돋기 전이니 아직이라는 뜻이지. 성숙하지 못한 것을 가리켜 '미숙(未熟)하다'고 하는데, 이때도 未 자를 쓰지. 아하! 未 자와 앞서 배운 明(명) 자를 합치면 未明(미명)이 되는구나. 해 뜨기 전, 완전히 밝지 않은 새벽을 뜻하는 한자말이야.

나무가 여러 그루 우거져 있으면 수풀이 되고 숲이 되지. 木 자 두 개를 나란히 쓰면 수풀이라는 뜻의 林(림) 자가 돼. 또 林 자 위에 木 자를 하나 더 올려놓으면 나무들이 우거진 산을 의미하는 森(삼) 자가 된단다. 정말로 실감나지 않니? 나무가 울창한 산을 보는 것 같잖아. 이번에는 森과 林 두 글자를 합쳐 보자. 森林(삼림)이 되지? 원시림같이 나무가 울창한 숲을 일컫는 낱말이란다.

나무가 다른 글자와 만나면 어떤 모양과 뜻이 될까?

사람〔人〕과 나무〔木〕가 만나면 편하게 쉰다는 뜻의 休(휴) 자가 돼. 사람이 나무 그늘 아래에서 편안하게 쉬고 있는 모습을 본뜬 글자지. 쉬면서 노는 날을 휴일이라고 하잖아. 간단히 쓸 수 있겠지? 休日 — 이렇게 말이야.

'학교(學校)' 할 때의 校(교) 자도 木 자와 交(교) 자가 어우러져 있는 글자야. 기울어진 나무에 받침목을 대어 바로 세우는 모양을 본뜬 글자란다. 나무가 꼿꼿이 자랄 수 있게 잡아 주는 것처럼, 校 자는 어떤 일을 바로잡는다는 뜻이지. 그러니까 학교란 네가 살아가는 데 필요한 것들을 배우고 또 올바르게 자라도록 돕는 곳이라는 뜻이란다.

나무가 우거진 산은 어떻게 나타내었을까? 하늘을 향해 우뚝 솟은 산봉우리를 떠올려 봐. 산에는 산봉우리가 하나만 있는 것이 아니라 여러 개가 이어져 있어. 그래서 갑골 문자에서는 봉우리 세 개를 그려서 산을 나타냈단다. 이것이 나중에는 쓰기 편하게 山(산)으로 바뀌었어.

山 자를 가만히 들여다보고 있으면 산봉우리와 깊은 골짜기가 있는 것 같지 않니? 남산, 삼각산 같은 산 이름에 모두 山 자가 붙는다는 것쯤은 이미 알고 있겠지? 산을 순 우리말로는 뫼라고 했어. 그래서 山 자를 뜻과 읽을 때 '뫼 산'이라고 한단다. '태산이 높다 하되 하늘 아래 뫼이로다'라고 시작하는 시조에도 산과 뫼가 나오잖니?

산에는 나무뿐만 아니라 큰 바위도 있어. 그래서 山 자에다 돌을 뜻하는 石(석) 자를 붙이면, 바위를 뜻하는 岩(암) 자가 된단다.

지금까지 배운 한자에다 山 자를 넣어서 낱말을 만들어 볼까? 山川(산천), 山水(산수), 山林(산림), 火山(화산), 江山(강산)……. 정말 많은 한자를 쓸 수 있구나.

우리가 발 딛고 있는 땅은 돌과 흙으로 이루어져 있지. 돌이 뼈라면 흙은 살이야. 앞서 돌을 뜻하는 石 자를 잠깐 배웠잖아. 뾰족한 암석의 귀퉁이와 돌조각을 그린 것인데, 그 모양이 변해 오늘날의 글자가 된 거야. 보기만 해도 단단하고 딱딱한 느낌이 들지 않니?

흙을 뜻하는 한자로는 土(토) 자가 있지. 옛날 글자를 보면 부드러운 흙이 소복이 쌓여 있는 모양이었단다. 모든 생명이 이 흙에서 태어나고 자라지. 나무, 풀, 곡식, 벌레 들이 모두 흙에서 나와서 흙에 기대며 살아가거든. 생명들이 죽은 다음에 돌아가는 곳도 흙이야. 물론 우리 사람도 마찬가지고. 그러니 흙은 모든 생명의 어머니라고 할 수 있어.

土 자와 짝을 맺어 만들어진 글자에는 무엇이 있을까? 그래, 社(사) 자가 있구나. 社 자는 땅의 신을 뜻하는 글자야. 옛날에는 사람들이 모여 흙을 쌓아 놓고 하늘에 제사를 올렸는데, 社 자가 바로 이 모습을 본뜬 글자라고 해. 사람들이 한데 모여서 제사를 지낸다는 의미를 살려서 社 자는 뒷날 단체나 모임을 뜻하는 글자로 쓰이게 되었어. '사회(社會)', '회사(會社)' 할 때 社 자를 쓰는 까닭이 여기에 있단다.

土 자와 짝을 이루는 글자로 앉는다는 뜻을 지닌 坐(좌) 지도 있구나. 사람〔人〕 두 명이 땅〔土〕 위에 앉아 있는 모습을 본뜬 거야. 왜 사람이 한 명이 아니고 두 명일까? 그 이유는 한 명을 빼 보면 금세 알 수 있어. 왠지 한쪽으로 기우뚱하고 기울어질 것 같아서 불안하잖아. 앉으면 편안해야 하는데 이리 불안하면 되겠니? 그러니 오른쪽과 왼쪽의 균형을 맞춰서 두 명을 앉혀 놓은 거야.

坐 자에다 지붕과 벽 모양을 나타내는 广(엄) 자를 덮어 주면 앉는 자리를 뜻하는 座(좌) 자가 되지.

이번에는 하늘 가족에서 배웠던 生(생) 자를 좀 더 살펴보자꾸나. 여기에도 土 자가 숨어 있어. 금세 찾을 수 있겠지? 生 자는 흙에서 싹이 돋아나는 모양을 본떠 만든 글자야. 흙에서 움트는 싹 모양으로 생명을 뜻하는 글자를 만들었다니 더할 나위 없이 알맞은 것 같아.

生 자 말고도 흙에서 풀이 돋아나는 모양을 본뜬 글자가 몇 개 더 있단다. 그 가운데 하나가 풀을 뜻하는 草(초) 자야. 草 자 맨 꼭대기에 있는 ++(초) 자는 본디 艸 모양인데, 다른 글자들과 어울리기 좋게 모양을 바꾼 거야. 艸 자는 땅에서 새싹들이 움트는 모양을 본떠 만든 거야. 그리고 밑에 있는 무(조) 자는 앞에서 해를 배울 때 익혔는데, 기억하겠니? 그래, 이르다는 뜻을 지닌 글자였잖아. 그래서 어떤 사람은 草 자를 이른 봄에 돋아난 새싹이라고 풀이하기도 하고, 어떤 사람은 무는 단순히 음만 빌려 줄 뿐 아무 뜻이 없다고 말하기도 한단다. 두 가지 이상 글자가 합쳐진 한자에는 한 쪽이 뜻을, 한 쪽이 음을 나타내는 경우가 많거든.

艹 자도 가족이 아주 많아. 잠깐만 들여다볼까? 가장 화려하게 빛나는 풀이 무엇일까? 꽃이지. 꽃을 뜻하는 글자는 花(화) 자란다. 꽃은 풀이나 나무에서 피니까 艹 자가 붙는 것은 당연하지. 그럼 밑에 있는 化(화) 자는 무슨 뜻일까? 자세히 보니 化 자는 사람을 뜻하는 人(인) 자 두 개가 합쳐진 모양이야. 똑바로 서 있는 사람과 거꾸로 서 있는 사람. 풀이하자면 化 자는 사람이 서기도 하고, 구부리기도 하고, 눕기도 하는 여러 모습을 보여 주고 있는 거야. 사람 모습이 시시때때로 바뀌는 모습을 통해 변화한다는 뜻을 나타낸 거지.

그런데 왜 꽃을 뜻하는 글자에 '되다, 변하다'는 뜻의 化 자가 들어 있는 걸까? 겨울바람에 떨고 있던 앙상한 나뭇가지와 누렇게 시든 풀들이 봄이 오면 어떻게 변하니? 마치 빈 모자에서 온갖 물건을 꺼내는 마술사처럼 예쁘고 빛나는 꽃들을 만들어 내지. 죽음에서 새로운 생명의 꽃이 피어나잖아. 이것이 가장 놀라운 변화의 순간이 아니겠니?

다섯 번째 마당

세상의 중심에 사람을 세우다

땅을 딛고 서서
두 팔을 크게 벌리다

人(인)은 대지에 두 다리를 딛고 하늘을 향해 꼿꼿이 서 있는 사람을 본떠 만들었어.
두 발로 걸을 수 있다는 것만으로도 사람은 우주에서 으뜸가는 존재야.

내가 어릴 적에 우리 동네 담벼락은 온통 장난꾸러기들의 낙서로 가득했어. 거기에 가장 많이 등장한 그림이 있지. 바로 머리는 동그랗고 팔과 다리는 막대처럼 생긴 사람 모양 말이야. 졸라맨처럼……. 좀 우습기는 했지만 사람을 그렸다는 건 누구나 알 수 있었지. 사람이 지닌 가장 큰 특징만을 잡아내 그린 거니까.

그런데 놀랍게도 맨 처음 사람을 나타낸 갑골 문자가 그때 우리가 그린 그림과 비슷해. 사람이 옆으로 서 있는 모습을 그린 거라지? 손과 발은 어디 있느냐고? 글자가 너무 복잡하면 읽고 쓰고 외우기가 힘들잖아. 그래서 담벼락에 그림을 그릴 때처럼 복잡한 것은 빼고 단순하게 특징만 그린 거지. 그 모양이 차차 변해서 오늘날 사람을 뜻하는 人 자가 된 거야.

人 자를 보면 동양 사람들이 스스로를 얼마나 자랑스럽고 소중하게 생각했는지 알 수 있단다. 人 자를 크게 써 보렴. 대지에 두 다리를 딛고 하늘을 향해 꼿꼿이 서 있는 사람 모습이 떠오르지 않니? 참 당당하고 균형 잡혀 보이잖아.

다른 동물은 人 자처럼 똑바로 서 있을 수 없지. 그저 네 발로 기어 다니면서 눈앞의 땅바닥만 보고 다녀. 사람이 네 발로 기어 다니다 두 발로 서기까지는 4백만 년이라는 기나긴 세월이 걸렸어. 너도 아기 때는 네 발로 기어 다니다가 아마 태어난 지 1년쯤 지나서부터 걷기 시작했을 거야. 네 힘으로 걷는 데 걸렸던 1년이란 시간에는 4백만 년 동안 쌓아 온 인류의 역사가 고스란히 담겨 있는 셈이란다. 두 발로 걸을 수 있다는 것, 그 하나만으로도 사람은 우주에서 으뜸가는 존재야.

다리를 똑바로 세우고 서 있으면 멀리 볼 수 있어. 눈앞의 땅바닥이 아니라 끝없이 먼 지평선을 바라볼 수 있지. 시간으로 따지면 지금 당장이 아니라 먼 미래를 바라보며 살아간다는 이야기와 같아. 사람은 먼 미래를 내다보면서 살았기에 끊임없이 진화할 수 있었던 거야.

큰 것, 위대한 것을 나타내는 大(대) 자 역시 人 자에서 나왔어. 人 자 위에 一(일) 자를 붙여 놓으면 바로 大 자가 되지. 大 자는 사람이 두 팔을 활짝 펴고 서 있는 모습을 본떠 만든 글자란다.

그럼 大 자와 반대되는 글자는 무엇일까? 작다는 뜻을 지닌 小(소) 자란다. 어라, 사람이 두 팔을 오므리고 다리를 한데 모은 모습이네? 다른 풀이에 따르면 小 자는 작은 점이 사방으로 흩어져 있는 모양이라고도 하고, 또는 무엇을 깎아 내는 모습을 본뜬 거라고도 해. 어떤 풀이에 따르건, 小 자는 우산을 접어 놓은 것처럼 움츠러들어 있어. 혹시 너도 小 자처럼 웅크려 본 적이 있니? 아무리 힘들고 어려워도 언제나 大 자처럼 팔과 다리를 활짝 벌리고 하늘과 푸른 대지 앞에 서 봐. 그러면 마음도 꿈도 커질 거야.

大 자 밑에 점 하나를 찍으면 역시 크다는 뜻인 太(태) 자가 돼. 왕위를 이을 왕자를 태자(太子)라고 하는데, 이때도 太 자를 쓰지. 그러고 보면 임금을 뜻하는 王(왕) 자도 크다는 뜻이야. 큰 눈을 왕눈이, 크고 굵은 소금을 왕소금, 거짓말 잘하는 사람을 왕대 포라고 부르잖아.

王 자 역시 팔과 다리를 크게 벌리고 서 있는 사람을 나타낸 글자라고 해. 옛날에 쓰던 王 자를 보면 더욱 그 뜻이 분명해 지지. 王 자를 다르게 풀이하는 사람도 있어. 곧 맨 위 하늘, 맨 아래 땅, 가운데 사람을 三(삼)으로 나타내고 이걸 하나 로 이어 주는 사람이 바로 왕이라는 거야. 옛날에는 하늘이 왕을 내려 보냈으며, 왕은 하늘의 뜻대로 백성을 돌보아야 한다고 했지. 그러니 이 풀이도 제법 그럴듯해 보여.

人 자와 大 자가 사람이 서 있는 모습을 본뜬 것이라고 했는데, 그럼 서다는 뜻을 가진 글자도 비슷한 모양이시겠네? 그래, 立(립) — 이렇게 써. 立 자는 땅을 뜻하는 一 자 위에 大 자를 얹어 놓은 글자야. 어, 옛날에 쓰던 王 자와 아주 흡사하네.

　이제 大 자 꼭대기에다 一 자를 한번 그어 볼까? 아하! 하늘을 뜻하는 天(천) 자가 되네. 옛날 서당에서 아이들이 한자를 배울 때 제일 먼저 만나게 되는 책이 바로 《천자문》이었어. 아이들은 《천자문》을 펼치고 커다란 소리로 구구단을 외우듯이 "하늘 천, 땅 지……." 하고 외쳤단다. 그러니까 맨 처음 배운 한자가 바로 天 자였던 셈이지.

　그러면 이번에는 天 자 꼭대기에 그었던 一 자를 조금 아래로 내리면 어떨까? 夫(부) 자가 되지. 남편과 아내를 부부(夫婦)라고 하잖아. 이때 남편을 뜻하는 글자가 바로 夫 란다. 夫 자는 옛날에 결혼한 남자들이 상투를 튼 모습을 본뜬 거래. 장가를 가기 전에는 상투를 틀 수 없었거든. 그러니까 결혼한 남자를 나타내려고 글자에 상투 모양을 그려 놓은 거야.

너와 내가
더불어 사는 세상

우리는 혼자서 살아갈 수 없고 늘 다른 사람과 어울려야 해.
그러려면 늘 나를 낮추고 어진 마음[仁]을 지녀야겠지.

다른 글자는 필요 없고, 人 자 다섯 개만으로도 멋진 문장을 만들 수 있어.

'人人人人人'

친구들 앞에서 人 자 다섯을 쓴 나음에, 헛기침을 한번 하고 이렇게 풀이해 주련.

"사람[人]이면 다 사람[人]이냐? 사람[人]이 사람[人]다워야 사람[人]이지."

어때, 훌륭한 문장이 되었지? 사실 人 자 다섯 개로 만든 이 문장은 오래전부터 내려온 말놀이야. 제대로 된 문장이라고 보기 어렵지. 그런데 이렇게 人 자를 옆으로 늘어놓는 게 아니라 한데 묶어서 만들어 낸 글자들이 있단다. 앞서 배운 化(화) 자가 바로 그런 경우지.

또 두 사람이 어울려 있는 것을 나타낸 北(북, 배) 자가 있구나. 이 글자는 두 사람이 서로 등을 돌리고 있는 모습을 본뜬 거란다. 갑골 문자를 보면 그 모습을 더 확실하게 알 수가 있어.

사람들은 어떤 때에 상대방에게 등을 돌리니? 싸움에서 져서 달아날 때지. 이때 北 자는 달아나다는 뜻으로 쓰이고, '배'라고 읽어. 패배(敗北) 같은 낱말에 이 北 자를 쓰지.

그런데 이 北 자는 북쪽 방향을 나타내는 글자로도 쓰여. 이때는 '배'가 아니라 '북'이라고 읽어. 한 글자에 두 가지 뜻과 소리가 있으니 헷갈린다고? 아냐, 원래 뜻은 다를 게 없어. 북쪽은 추우니까 누구나 등을 돌리고 남쪽을 향해 있으려고 하지. 그러니까 등을 돌리고 있는 곳이 북쪽이 되지.

이번에는 두 사람이 사이좋게 나란히 짝을 짓고 있는 글자를 알아볼까? 北 자가 서로 등을 돌리고 있는 모습이었다면, 比(비) 자는 한 사람이 다른 사람 등을 감싸고 있는 모습이야. 北 자와 比 자를 비교해 보렴. 서로 토라져 등을 맞대고 있는 모습과 등에 딱 붙어서 어깨를 나란히 하고 있는 모습이 사뭇 다르지 않니? 이 比 자는 비교하다는 뜻을 지니고 있어. 어라, 그러고 보니 내가 北 자와 比 자를 서로 '비교(比較)'해 보자고 했구나. 당연히 이때도 比 자를 쓰지. 이처럼 우리는 알게 모르게 한자말을 아주 많이 쓰고 있단다.

人 자 둘을 합쳐 놓은 글자는 또 있어. 남을 따라다닌다는 뜻을 지닌 從(종) 자도 그래. 원래 人 자 두 개를 그려 놓아 从 모양이었어. 세월이 흘러 여기에 다른 글자가 덧붙여져 從 자가 된 거란다.

세 사람이 모여 있는 것을 나타내는 글자도 있어. '군중(群衆)' 할 때처럼 여러 사람이 모여 있는 것을 뜻하는 衆(중) 자야. 衆 자 위쪽 血(혈) 자는 태양을 본뜬 것이고, 밑에 있는 豕(시) 자는 人 자 셋을 합쳐 놓은 글자야. 그러니까 해 밑에서 세 사람이 모여 일을 하는 모습을 나타낸 글자란다. 자, 우리가 배운 大 자와 衆 자를 함께 읽어 볼까? 수많은 사람의 무리를 일컫는 大衆(대중)이야. 여기서 잠깐, 문제 하나! 大衆 속에는 사람이 몇 명이나 들어 있을까? 한번 맞혀 봐!

人 자 셋을 포개 쓴 글자가 또 있을까? 그럼, 있고말고! 사람들이 깃발을 들고 무리를 지어 다니는 모습을 본뜬 旅(여) 자가 있잖아. '여행(旅行)'할 때 旅 자를 쓰지. 좀 복잡하고 어려워 보이지만 사실은 아주 쉬운 글자 몇 개가 합쳐져 있을 뿐이야. 합쳐진 글자를 쪼개서 늘어놓으면 금세 머리를 끄덕일걸.

旅 자에서 왼쪽 方(방) 자는 깃발을 본뜬 글자야. 그리고 오른쪽은 人 자 셋을 서로 붙여 놓았어. 옛날에는 여행을 하거나 전쟁을 할 때 자기네 부족이나 무리를 나타내는 깃발을 앞세웠지. 이 전통은 오늘날에도 또렷이 남아서 학교나 군대, 그리고 회사는 자기 집단을 표시하는 깃발을 가지고 있단다. 또 단체로 여행을 하는 사람들이 종종 깃발을 앞세우고 몰려다니는 풍경도 그리 낯설지 않아. 세월은 변해도 사람이 하는 일은 좀처럼 바뀌지 않는가 봐.

한자는 이렇게 한 글자가 다른 글자들과 어울려서 수백 가지 글자를 만들어 내고 있어. 때로 한 글자가 다른 글자와 만나 새로운 글자를 만들 때는 쓰기 편하고 보기 좋게 원래 모양을 살짝 바꾸기도 해. 人 자뿐만 아니라 앞서 배운 水(수)는 氵로, 火(화)는 灬로 모습을 바꾸었잖아.

人 자가 모양을 바꾼 예로 한 글자만 더 소개할게. 어질다는 뜻의 仁(인) 자는 人과 二(이)가 합쳐진 글자인데, 두 사람 사이에 마음이 오가는 것을 나타낸 글자야. 人 자가 仁 자를 만들기 위해 자기를 낮추어 살짝 모양을 바꾼 거지.

동양에서는 仁을 사람이 갖추어야 할 가장 중요한 가치로 꼽았어. 우리는 혼자서 살아갈 수 없고 늘 다른 사람과 어울려야 해. 이때 자기를 낮추어야 서로 조화롭게 어울릴 수 있어. 스스로를 낮춰 변이 된 人 자처럼 말이야.

한자도 仁이 있어서 다른 글자와 서로 어울려 여러 가지 글자가 되고, 새로운 뜻을 만들어 내었어. 한자 한 가지만 알아도 열 가지 백 가지를 저절로 알게 되는 것도 仁이 있기 때문 아니겠니?

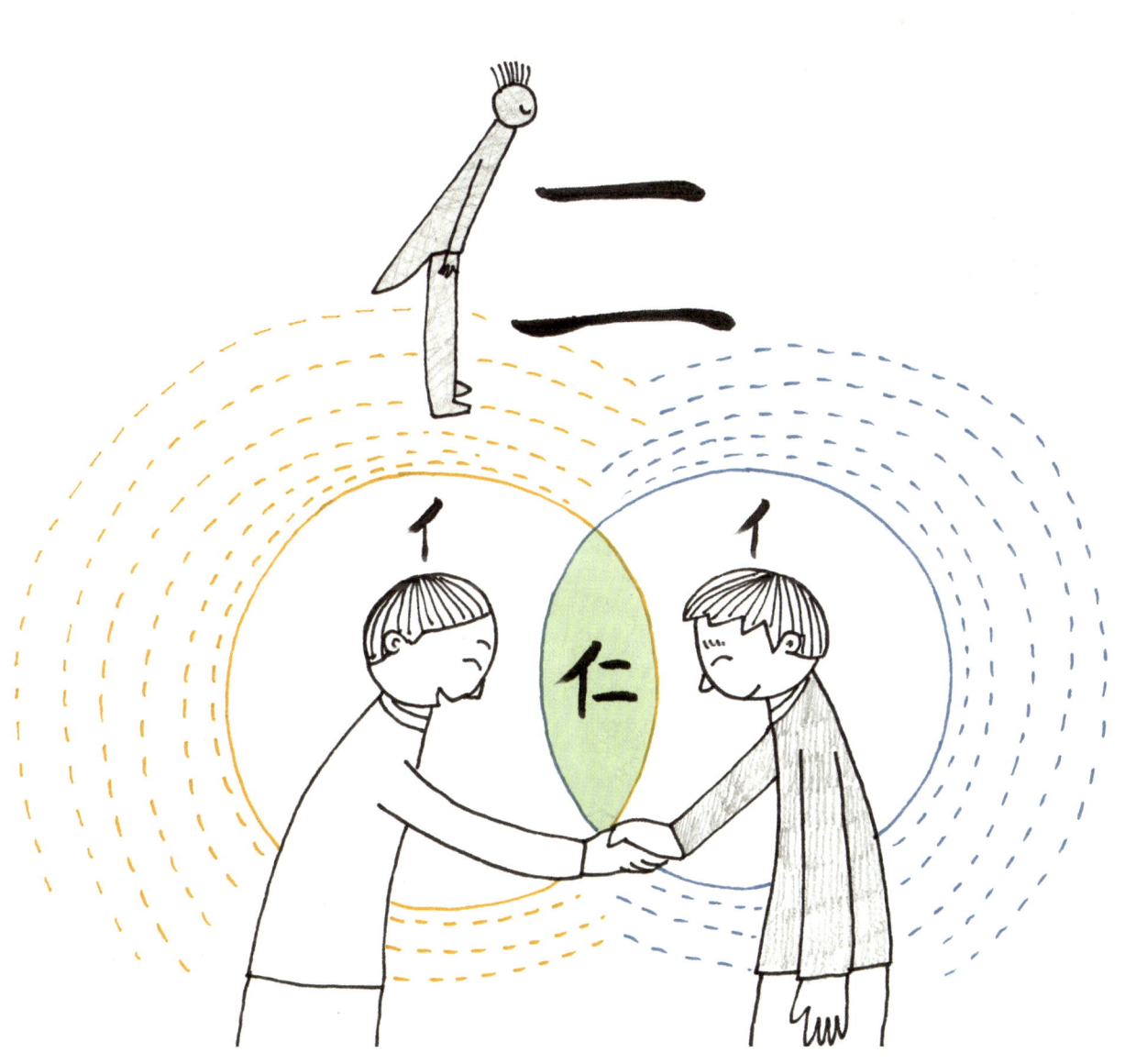

보고 듣고
말하고 숨 쉬고

역사는 손에서 시작됐다

역사는 손에서 시작됐다

사람은 자유로운 두 손으로 역사와 문명을 일궈 냈어.
그래서 독특한 행위나 뛰어난 기술을 나타내는
한자에는 手(수) 자가 들어 있어.

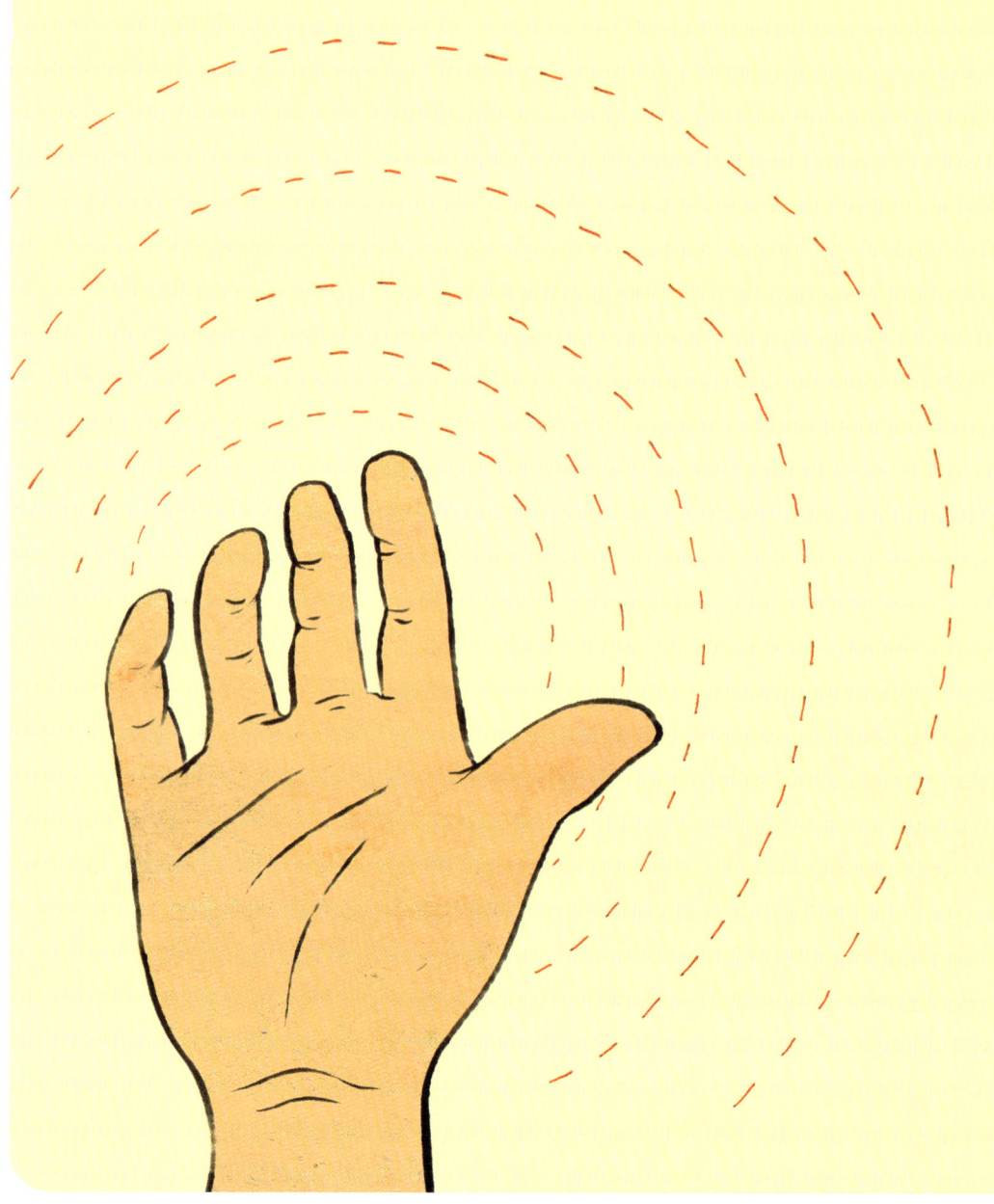

사람의 몸과 마음은 아주 놀랍고 신비한 비밀로 가득 차 있어. 현대 과학으로도 아직 풀지 못한 비밀들로 가득하지. 사람은 언제부터 두 발로 서서 걷게 되었을까? 또 언제부터 도구를 사용하고 무엇인가를 만들 수 있었을까? 어떻게 사람의 두뇌는 복잡하고 체계적인 생각을 할 수 있게 되었을까? 여리고 자그마한 사람이 이토록 발전된 문명을 이루었다는 사실은 온 우주를 통틀어서 손꼽을 만한 기적이 아닐까 싶어.

이처럼 온전히 사람의 힘으로 이뤄 낸 성과이니 사회와 문화를 나타내는 한자 가족들에는 사람(人)이 많이 들어 있지. 이런 한자들은 대부분 사람을 중심에 놓고 있어. 그만큼 사람 스스로에 대한 자부심을 표현한 것이지. 이제 작지만 위대한 우주, 곧 사람과 관련된 한자를 알아보자꾸나.

앞에서 두 발로 일어서는 순간 비로소 사람이 되었다고 했잖아. 네 발로 다니던 짐승이 두 발로 서게 되면 앞발은 무엇이 되었겠니? 그래, 맞아. 손이 되지. 그 자유로워진 손으로 사람은 지금까지와는 전혀 다른 새로운 일을 할 수 있었어. 그 손으로 인간의 역사와 문명을 일궈 낸 거야.

손을 한자로 手(수)라고 쓰지. 마치 로봇의 손처럼 생기지 않았니? 더 먼 옛날에는 이렇게 손가락 다섯 개를 다 그려 놓은 모양이었지. 이게 세월이 흐르면서 쓰기 편하게 선이 점점 간단해져서 오늘날과 같은 모양이 된 거란다.

手 자는 다른 글자와 어울려 가족을 만들 때는 더 간단하게 扌— 이런 모양으로 바뀌지. '손 수 변'이라고 불러. 어때, 쓰기에도 쉽고 보기에도 날렵해 보이지 않니? 사람이 손으로 하는 것에는 거의 다 손 수 변이 붙어 있어. 손으로 때리는 打(타), 손으로 던지는 投(투), 손으로 꺾는 折(절)…….

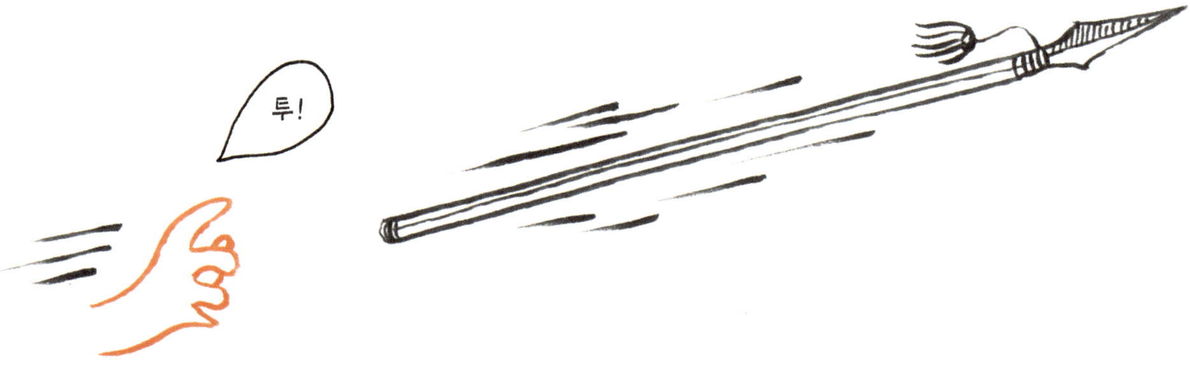

손 수 변에 붙은 글자들은 저마다 소리나 모양이나 의미를 나타낸단다. 打 자에서 丁(정)은 두드릴 때 나는 소리, 또는 못을 본떠 만든 글자야. 야구에서 방망이로 공을 때리는 선수를 타자(打者)라고 하잖아. 이때 打 자를 쓰지. 그럼 야구에서 공을 던지는 선수를 뭐라고 하지? 그래, 투수(投手)야. 던지다는 뜻의 投자와 手 자가 합쳐진 낱말이야. 그러고 보니 투수에는 手 자가 두 개나 들어가 있구나. 投 자에서 殳(수) 자는 창을 뜻해. 그러니까 投 자는 창을 손으로 던지는 모습을 나타낸 거지. 그럼 折 자 옆에 붙은 斤(근) 자는 무슨 뜻일까? 척 보기에도 어쩐지 단단하고 날카로운 느낌이 들잖아. 바로 도끼를 본뜬 글자야. 그러니까 折 자는 손으로 도끼를 들고 무엇을 쪼개는 것을 나타내.

손은 사람의 기술을 상징하기 때문에 手 자만 붙여도 뛰어난 기술, 또는 그런 기술을 지닌 사람을 뜻하는 경우가 있지. 운전하는 기술을 지닌 사람을 운전수(運轉手)라고 하고, 집을 짓는 기술을 지닌 사람을 목수(木手)라고 한 것도 그 때문이야. 참, 기술을 뜻하는 技(기) 자에도 손 수 변이 붙는구나.

보고 듣고 말하고 숨 쉬고

目(목), 耳(이), 口(구), 鼻(비) 자를 천천히 들여다보면
얼굴의 어떤 부분을 본떠 만든 글자인지 금세 알 수 있을 거야.

자, 이제 손에서 눈으로 옮겨 보자. 눈에 눈동자까지 그려 넣은 다음 그걸 세로로 세워 보렴. 여기에서 둥근 선을 직선으로 바꾸면 目(목) — 이런 모양이 되지 않니? 그래, 이것이 눈을 뜻하는 글자야. 옛날에는 딱딱한 곳에 글자를 새겨야 했기 때문에 둥그런 모양을 직선으로 바꾸었어. 目 자도 그런 경우야. 目 자 역시 手(수) 자와 마찬가지로 여러 한자 식구를 거느리고 있어. 目 자가 들어간 한자 식구는 대부분 보는 것과 관련되어 있다는 것쯤은 이미 짐작했겠지?

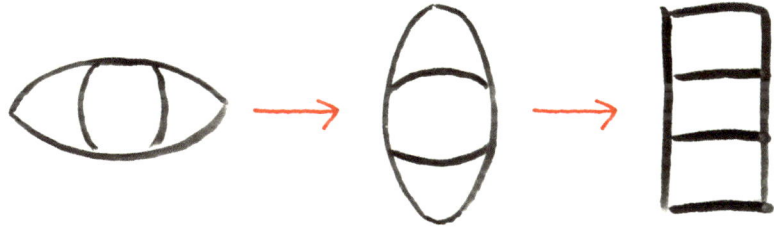

目 자에다 두 발을 달면 보다는 뜻을 지닌 見(견) 자가 되지. 더 멀리 더 자세히 무엇인가를 보려고 두 발로 서 있는 모양이구나. 또 目 자 위에다 손[手]을 얹어 놓으면 看(간) 자가 되지. 높이 솟은 산꼭대기나 하늘에 떠 있는 비행기를 올려다볼 때 어떻게 하니? 손을 눈 위에 가져가잖아. 看 자는 무엇인가를 자세히 보는 것을 뜻해. 환자를 정성스럽게 보살핀다는 뜻의 간호(看護), 어떤 일의 앞뒤를 알아챘다는 뜻의 간파(看破)에 바로 이 看 자를 쓰지.

'생각하다, 깨닫다'는 뜻을 지닌 省(성) 자에도 目 자가 들어 있어. 目 자 위에는 적은 것을 나타내는 少(소) 자가 붙어 있구나. 省 자를 있는 그대로 풀어 보면 작은 것까지 놓치지 않고 본다는 뜻이지. 무언가를 깊이 있게 생각하고 깨달으려면, 먼저 아주 작은 것까지 꼼꼼히 들여다보아야 해. 눈으로 꼼꼼히 관찰하고 확인하는 자세야말로 깨달음으로 가는 지름길이라는 사실을 省 자가 보여 주고 있단다.

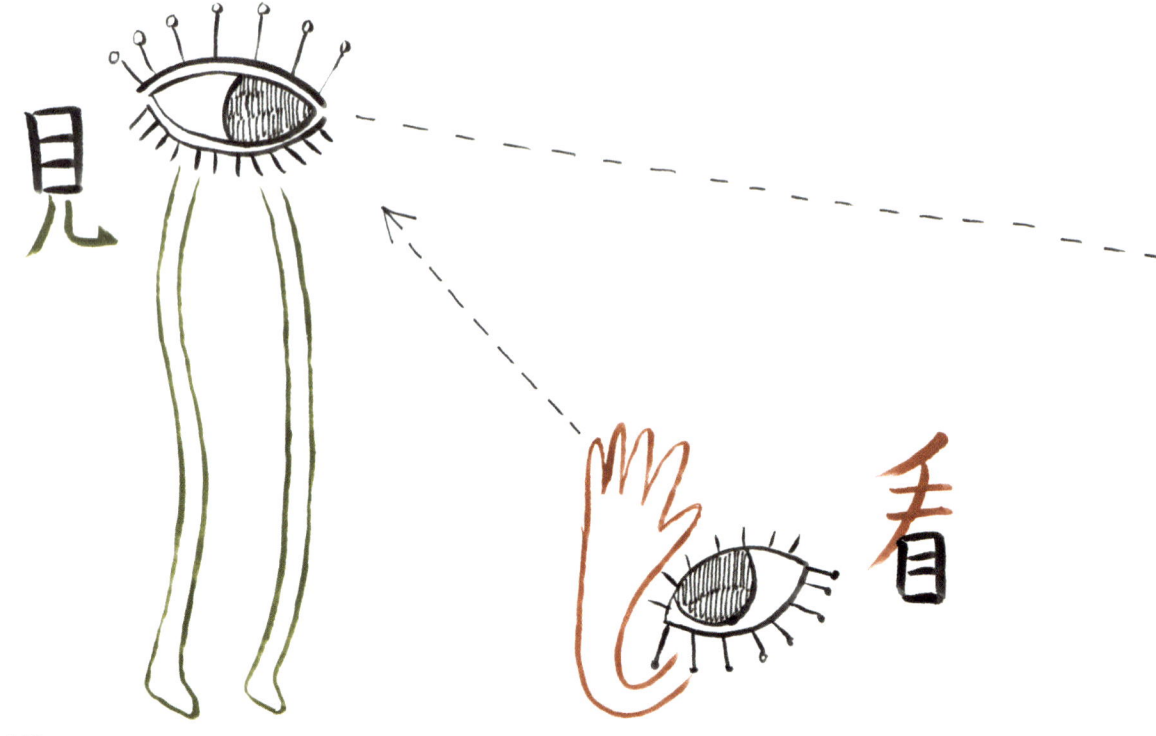

우리가 배운 한자에다 省 자를 곁들여서 멋진 문장을 만들어 보자. 一日三省(일일삼성), 하루에 세 번 생각하라는 말이야. 사람은 하루 종일 생각하고 지낼 수밖에 없다고? 그래, 사람이라면 늘 생각하면서 지내지. 하지만 여기서 省은 좀 더 진지하고 성실하게 자신을 들여다보자는 얘기야. 네가 오늘 어떤 말과 행동을 했는지 돌이켜 봐. 혹시 거짓말을 하거나, 빈둥빈둥 시간을 보내거나, 친구에게 함부로 대하지 않았니? 만약 그랬다면 깊이 반성하고 다시는 그러지 말아야지. 이처럼 하루에 세 번씩 스스로를 자세히 들여다본다면 아주 훌륭한 사람으로 자랄 수 있을 거야. 그래서 옛날에는 一日三省을 선비가 갖추어야 할 가장 중요한 덕목으로 꼽았단다.

불행하게도 눈이 멀어 앞을 못 보는 사람을 맹인(盲人)이라고 하지. 여기에서 盲(맹) 자는 目 자 위에다 亡(망) 자를 붙여 놓았구나. 亡 자는 없어지다는 뜻이야. 사람들은 어떤 일이 잘 풀리지 않으면 흔히 "아이고, 망쳤다!", "어휴, 망했네!" 하잖아. 이 표현이 바로 亡 자에서 나온 거야. 그러니까 盲 자는 눈이 멀어서 보이는 것이 모두 사라져 버린 상태를 뜻해.

盲 자가 나왔으니 말인데, 옛날에는 멀쩡한 사람 눈을 찔러 눈을 멀게 하고 노예로 삼곤 했단다. 달아날 궁리를 하지 못하게 맹인을 만들어 버린 거지. 정말 잔인하지 않니? 오늘날에는 도저히 받아들이기 힘든 일이야. 그런데 이 슬픈 사연을 간직한 글자가 오늘날까지 전해 내려오고 있단다. 바로 民(민) 자야. 民 자는 '백성, 국민'을 뜻하는 한자야. 앞서 들려준 이야기를 생각하면서 民 자를 보렴. 뾰족한 것으로 눈을 찌르는 끔찍한 모양이 떠오르지 않니? 民 자가 백성을 뜻하는 글자가 된 걸 보면 옛날에는 백성을 천하고 하찮은 사람으로 본 게 분명해. 하지만 오랜 세월을 거치며 백성들은 스스로의 권리를 찾아 나라의 주인이 되었어. 백성이 주인이 되는 민주주의 세상이 된 거지. 그 오랜 세월 동안 民이란 글자에 얼마나 많은 눈물과 피가 맺혔겠니? 앞으로 民 자를 볼 때면 그 안에 담긴 역사를 한 번쯤 되새겨 보았으면 해.

이제 보니 目 자 옆에 民 자를 붙여 놓은 眠(면) 자도 같은 맥락에서 풀이할 수 있겠구나. 眠 자는 눈을 감고 잠을 잔다는 뜻이란다. 백성[民]들이 오랜 세월 동안 눈을 빼앗기고 깊은 잠에 빠져 있어야 했던 데서 나온 글자지.

 目 자 위에 점 하나를 찍은 自(자) 자는 무슨 뜻을 담고 있을까? 눈썹이라고? 하하, 재미있는 풀이기는 한데 그런 뜻이 아니야. 自 자는 원래 사람의 코 모양을 그린 것인데, 시간이 흐르면서 점점 눈을 뜻하는 目(목) 자와 비슷하게 변하였지. 서양 사람들은 자신을 가리킬 때 심장이 있는 가슴 쪽을 가리키지만 동양 사람들은 자기 얼굴 한가운데, 곧 코를 가리키지. 그래서 코를 뜻했던 自 자는 나중에 '나, 자기'를 뜻하는 글자로 바뀌었단다. 우리가 코로 숨을 쉴 때 의식적으로 '숨을 쉬어야지' 하고 생각하니? 아니지. 저절로 숨이 쉬어지잖아. 그래서 自 자는 '스스로, 저절로'라는 뜻까지 지니게 되었지. 저절로 움직이는 것, 자기 스스로 하는 일에는 모두 이 自 자가 붙어. 스스로 움직이는 자동차(自動車), 스스로 공부하는 자습(自習)에도 自 자가 들어간단다.

한편, 自 자가 여러 가지 의미로 쓰이게 되자 코를 가리키는 글자가 따로 필요했어. 그래서 나온 글자가 鼻(비) 자란다. 좀 복잡하다고? 정말 언뜻 보아서는 무슨 글자로 이루어져 있는지 알 수가 없구나. 그래도 여전히 自 자가 맨 위에 있는 게 보이지? 모양이 아무리 변하였어도 본뜻은 유지하고 있는 셈이지. 鼻 자는 '코'라는 뜻을 가진 自와 '비'라는 음을 가진 畀가 만나 이루어진 글자란다.

自가 원래 코를 뜻했다는 것을 증명할 수 있는 글자가 또 있어. 숨을 쉰다는 뜻을 지닌 息(식) 자야. 息 자는 自 밑에 마음을 뜻하는 心(심) 자를 붙여 놓았구나. 心 자는 심장 모양을 본뜬 글자야. 심장이 뛰어야 코로 숨을 쉴 수가 있잖니? 그러니까 여기에서 自는 코를 뜻하는 글자로 쓰이고 있지.

心 자를 알았으니 마음에 대해 알아볼까? 우리는 불안하거나 기쁘거나 화나면 심장이 가쁘게 뛰지? 슬픈 일이 생기면 심장이 터질 것처럼 아프기도 하고. 그래서 동양에서나 서양에서나 사람의 마음은 심장에서 생겨나는 것으로 생각했어. 슬픔을 나타내는 悲(비), 심술 사나운 마음을 나타내는 惡(악), 마음씨를 나타내는 性(성) 같은 글자들에 心 자가 붙은 것도 그 때문이란다. 性 자 왼쪽에 있는 忄 자는 心 자의 모양이 바뀐 거야.

사람에게 눈이 창문이라면 입은 대문이지. 입을 뜻하는 글자는 口(구) 자야. 동그란 입을 직선으로 그리면 이런 모양이 되지. 사람들은 입으로 아주 많은 일을 해. 먹고, 말하고, 뽀뽀도 하고 말이야. 그중에서도 말은 사람만이 할 수 있어.

앞서 배웠던 言(언) 자는 당연히 口 자와 한 가족이지. 口 위에 그려져 있는 선들〔言〕은 대나무처럼 곧은 것을 뜻해. 말하자면 입에서 곧바로 나오는 것이 말이라고 해서 言 자가 된 거래. 말은 정말 놀라운 힘을 지녔어. 사람들은 말을 통해 생각을 키우고 또 생각을 나누지. 말 한마디로 천 냥 빚을 갚기도 하고, 원수 사이가 되기도 해. 말은 어떤 무기보다 무서운 힘을 지녔지. 그러니 말을 할 때는 늘 조심해야겠지. 혹시라도 내가 내뱉은 말이 다른 사람들을 아프게 찌르면 안 되잖아.

말이 한결같지 않고 이랬다저랬다 하는 것을 一口二言(일구이언)이라고 해. 어, 다 아는 글자네? 한번 곧이곧대로 풀이해 볼까? 한〔一〕 입〔口〕에서 두〔二〕 말〔言〕이 나온다. 어때, 쉽지? 사람들은 책임지지 못할 말을 쉽사리 내뱉는 경우가 많아. 자기가 약속한 말을 금세 바꾸곤 해서 스스로도 믿지 못할 지경에 이르곤 하지. 서로를 믿고 의지하려면 무엇보다 一口二言하지 말아야겠지?

言 자는 믿다는 뜻의 信(신) 자, 이야기하다는 뜻의 話(화) 자와 한 가족을 이루지. 信 자를 풀어 보면 사람[人]의 말[言]이라는 뜻이야. 사람의 말을 믿음의 기준으로 삼은 걸 보면 옛날 사람들이 말을 얼마나 중요하게 여겼는지 알 수 있지.

'동화(童話)', '대화(對話)' 할 때의 話 자는 言 자에 혀를 뜻하는 舌(설) 자를 붙인 거야. 말을 잘하려면 혀가 있어야겠지? 말을 더듬거나 제대로 발음하지 못하는 사람을 보고 혀가 짧다고 하는 것만 보아도 알 수 있잖아. 혀는 입 안에 있으니 舌 자에도 당연히 口 자가 들어 있지. 口 자 위에 올려놓은 千 모양은 앞에서 배운 숫자 千(천)이 아니라, 방패를 뜻하는 干(간) 자야. 방패를 들고 달려 나가 싸우는 모습에서 뜻을 빌려 내밀다는 의미로 사용되었어. 그래서 舌 자는 입 밖으로 내민 것, 즉 혀를 가리키는 글자가 된 거야.

그런데 왜 이름을 뜻하는 名(명) 자에도 口 자가 붙어 있을까? 입과는 그다지 관계가 없는 것 같은데 말이야. 더구나 그 위에 올려진 夕(석) 자는 초승달 모양을 본뜬 것으로, 저녁을 뜻하는 글자야. 저녁이 되면 어두워져 사람들 얼굴이 잘 보이지 않아. 그러니까 사람을 찾으려면 이름을 부를 수밖에 없지. 캄캄한 저녁에 길을 가다 앞에서 사람이 나타나면 "거기 누구요?" 하고 묻게 되잖아.

이처럼 口 자와 더불어 사는 한자 가족 가운데 언뜻 보면 입[口]과 관계가 없는 듯이 보이는 글자들도 있어. 그러나 찬찬히 생각해 보면 옛날 사람들이 한자를 아주 멋지게 만들었구나 하고 무릎을 탁 치게 될 거야. 같다는 뜻의 同(동) 자, 제각각이라는 뜻의 各(각) 자도 그래. 이것과 저것이 같은지, 아니면 제각각인지는 여러 사람이 동의를 해야 해. 그러니까 사람들이 입[口]으로 확인을 해 줘야 하는 거야. 그러니 口 자가 들어 갈 수밖에.

무엇을 묻는 것을 問(문)이라 하고, 무엇을 듣는 것을 聞(문)이라고 한단다. 음도 똑같고 글자도 아주 비슷하게 생겼지? 먼저 두 글자에 모두 들어 있는 門(문) 자부터 알아보자. 척 보니 문창살이 달려 있는 문처럼 보이지? 그래, '대문(大門)', '성문(城門)' 할 때 쓰는 門 자야. 問 자와 聞 자에 쓰인 門은 글자의 소리 부분을 맡고 있어. 여기에 口 자를 넣어 묻는다는 뜻이 되었구나. 물을 때는 입(口)이 들어갔으니, 들을 때는 무엇이 들어가겠니? 그래, 맞아, 귀! 耳(이) 자는 귀를 뜻하는 글자란다. 모난 선들을 조금만 둥글게 해 놓고 보면 귀 모양이라는 걸 금세 알아챌 수 있을 거야.

그러면 할머니처럼 나이 많은 분들이 흐뭇한 표정으로 아이들 머리를 쓰다듬으며 "이 녀석, 이목구비가 쏙 빠졌네!" 하는 게 무슨 뜻인지 이제 알겠니? 이(耳)는 귀, 목(目)은 눈, 구(口)는 입, 그리고 비(鼻)는 코를 뜻하지. 그러니까 귀와 눈과 입과 코가 잘 생겼다, 곧 얼굴이 잘 생겼다는 뜻이란다.

하늘 지붕 아래 집을 짓자

동양 사람들은 땅 위에 있는 모든 것은 하늘, 곧 우주라는 커다란 지붕 밑에 살고 있다고 생각했어.

우리 조상들은 보름달을 보면서 이런 노래를 불렀어.

달아 달아 밝은 달아
이태백이 놀던 달아
저기 저기 저 달 속에
계수나무 박혔으니
은도끼로 찍어 내어
금도끼로 다듬어서
초가삼간 집을 짓고
양친 부모 모셔다가
천년만년 살고 지고.

옛날 사람들은 보름달을 보면서 그 속에 집을 짓고 사는 꿈을 꾸었단다. 달은 아주 평화롭고 아름다운 하늘 나라라고 생각했기 때문이지. 사람들이 살아가는 현실이 힘겹고 버거울 때 달에서 사는 꿈은 더 간절해졌을 거야.

한편, 이 노래에는 동양 사람들이 우주를 어떻게 생각했는지가 살짝 드러나 있어. 달은 하늘 나라, 곧 먼 우주 공간에 걸쳐 있는 세계야. 그런데 노래에서는 그 달나라에서 계수나무로 집을 짓고 사는 꿈을 꾸고 있어. 그만큼 하늘 나라를 가깝게 여긴 거지. 말하자면 옛날 사람들에게 계수나무로 만든 초가삼간은 우주선이었던 거야.

우주를 한자로 宇宙라고 써. 두 글자 모두 위쪽에 宀(면) 자가 붙어 있지? 보이는 그대로 지붕 모양을 나타낸 글자야. 사람을 비롯하여 땅 위에 있는 모든 것은 하늘, 즉 우주라는 커다란 지붕 밑에서 살고 있는 것으로 생각한 거지. 宇宙라는 한자를 새겨 보면, 앞에서 부른 노래의 뿌리를 알 수 있지. 宇는 우주 공간을, 宙는 우주 시간을 뜻한단다. 서양에서는 우주를 공간으로만 생각했지만, 동양에서는 우주를 천년만년이라는 영원한 시간도 포함하고 있는 공간으로 생각했단다.

초가삼간의 초가는 한자로 草家 라고 써. 草(초)는 풀이라는 뜻이고, 家(가)는 집을 뜻

하는 글자야. 곧 草家는 짚이나 갈대로 지붕을 인 집을 뜻해. 그러고 보니 家 자에도 宇宙처럼 지붕(宀)이 붙어 있구나. 삼간은 한자로 三間이라고 써. 이때 間(간) 자는 門(문) 자와 日(일) 자를 합쳐 놓은 거야. 아하! 문틈으로 햇빛이 비치는 모양을 본뜬 글자구나. 시간이 흘러 間은 '사이, 틈'을 뜻하는 글자가 되었어.

　이제 초가삼간의 뜻을 풀이해 볼 수 있겠지? 그래, 큰방, 부엌, 작은방 이렇게 세 칸으로 나뉜 초가집을 뜻해. 초가삼간은 한 가족이 한데 모여 사는 데 필요한 최소한의 생활 공간이지. 큰방은 부모가, 작은방은 자식이, 부엌은 곡식과 살림살이가 놓일 공간이니까. 말하자면 초가삼간은 우주와는 정반대의 작은 공간을 의미해.

　옛날 사람들 꿈은 이처럼 소박하고 정겨웠어. 우주라는 넓은 공간에 좀 더 멋지고 으리으리한 집을 지을 수도 있으련만, 사람들은 그저 한 식구가 모여 살 수 있는 자그마한 초가집을 바랐을 뿐 더 이상 욕심을 부리지 않았거든.

家 자를 좀 더 자세히 살펴볼까? 지붕(宀) 밑에 들어 있는 豕(시) 자는 돼지를 본뜬 글자란다. 아니, 이런. 사람이 들어앉아도 모자랄 판에 무엄하게 웬 돼지냐고? 아마 너는 '집에서 사는 사람이 다 꿀꿀거리는 돼지란 말이야? 그러지 말고 집 울타리(口)를 만들어, 그 안에 사람(人)을 넣으면 집을 뜻하는 글자가 되지 않을까?'라고 생각할지도 몰라. 좋은 생각이야. 하지만 그렇게 만든 囚(수) 자는 감옥에 갇힌 죄수를 의미하는 글자란다.

역시 글자를 고치려는 생각보다는 집 속에 들어 있는 돼지의 정체가 무엇인지를 풀어 보는 쪽이 낫겠구나. 여러 가지 풀이가 있지만, 대체로 돼지가 새끼를 많이 낳아서 기르는 것처럼 자손을 많이 낳기를 바라는 마음이 담겨 있다고 해. 또 다른 풀이로는 식구들이 먹고 살아가기 위해 집집마다 돼지를 기른 데서 비롯된 글자라고도 하지. 그런가 하면 돼지를 잡아 조상에게 제사를 지내는 곳이 집이라는 데서 비롯된 글자라고도 해.

家 자를 어떻게 해석하건 한 지붕(宀) 아래 모여 사는 모습을 본뜬 글자라는 데는 변함이 없어. 오늘날에는 자식이 크면 대부분 부모와 떨어져 살더구나. 핵가족 시대가 되면서 우리가 자칫 소중한 가치를 잃어버린 건 아닌지 한 번쯤 생각해 보자꾸나.

부모 형제 모셔다가
천년만년 살고 지고

옛날 사람들은 부모에게 효도하고 오래오래 행복하게 사는 꿈을 꾸었어.
마치 달에 초가삼간을 짓고 싶다는 바람처럼 말이야.

부모를 한자로는 어떻게 쓸까? 父母 — 이렇게 쓰지. 여기에서 아버지를 뜻하는 父(부) 자는 사람이 두 손에 도끼를 번쩍 들고 있는 모양을 나타낸 거래. 아버지는 사냥도 하고, 나무도 하고, 맹수나 나쁜 사람들이 쳐들어오면 가정을 지키기 위해서 도끼 같은 무기를 들어야 했어. 도끼는 힘과 권력의 상징이기도 하고, 나무를 하고 집을 짓는 데 사용하는 연장이기도 했단다.

아버지는 남자야. 남자를 나타내는 글자는 男(남)이지. 위쪽 田(전) 자는 밭을 뜻하고, 아래쪽 力(역) 자는 밭을 가는 쟁기 모양이야. 옛날에는 남자가 쟁기로 밭을 갈았거든. 그 모습을 본떠 男 자를 만든 거지.

父와 男은 모두 남자를 뜻하는 글자인데 사실 이 두 글자 사이에는 아주 오랜 세월이 흐르고 있어. 그러니까 父 자가 수렵 생활을 하던 시기에 생긴 글자라면, 男 자는 농경 생활을 하던 때에 생긴 글자야. 이처럼 한자를 들여다보면 한자가 생겨나던 시대의 모습이 그대로 담겨 있곤 해.

옛날에 남자들은 도끼나 쟁기뿐 아니라 창도 들어야 했어. 전쟁터에 나가 창과 칼을 들고 싸워야 했거든. 창을 나타내는 글자는 戈(과) 자야. 戈 자가 들어 있는 한자는 대부분 남성이나 싸움과 관련이 있단다. '전쟁(戰爭)' 할 때의 戰 자 오른쪽에도 戈 자가 붙어 있구나. 무슨 일을 이루고 완성하다는 뜻의 成(성) 자에도 戈 자가 들어 있어. 成 자에 흙(土)을 쌓아 주면 城(성) 자가 되지.

城 자는 어떤 뜻일까? 예전에는 적의 침입을 막기 위해 흙을 쌓아 성을 만들었어. 바로 그 성을 뜻하는 글자야. 나라를 뜻하는 國(국) 자에도 戈 자가 들어가. 어디에 있는지 찾기 어렵다고? 글자들에 담긴 뜻을 풀이하고 나면 한결 쉽게 눈에 띌 거야. 國 자에서 가장자리의 口는 어느 지역을 나타내지. 이 지역(口) 안에는 땅(一)의 울타리나 담(口)을 창(戈)으로 지키는 모습이 담겨 있어. 어때, 이제 戈 자가 눈에 보이니?

아버지를 살펴보았으니, 이제 어머니를 한번 알아볼까?

어머니를 뜻하는 母(모) 자는 여자를 나타내는 女(여) 자에 점 두 개를 찍어 놓았어. 점 두 개는 아기에게 젖을 먹이는 젖꼭지를 나타낸단다. 어머니의 따스한 가슴이 느껴지지 않니? 어머니는 이 따뜻한 품으로 아이를 품어 훌륭하게 키우지. 단 하루도 게을리하지 않고 온 정성을 다해. 그래서 '매일(每日)' 할 때의 每 자에도 母 자가 들어 있는 거란다. 어머니의 은혜는 바다처럼 깊고 넓어. 그래서 바다를 뜻하는 海(해) 자에도 母 자가 들어 있지.

어머니가 부드럽게 자식을 품고 있는 모습을 본뜬 글자가 있어. 바로 좋다는 뜻을 지닌 好(호) 자란다. 오른쪽의 子(자)는 오늘날에는 아들을 뜻하는 말로 쓰이지. 하지만 원래는 아주 소중하고 귀한 사람을 가리키는 글자였단다. 석가모니는 태어나자마자 "천상천하 유아독존!"이라고 말했다고 해. 하늘과 땅 사이에 나의 존재가 가장 귀하다는 뜻이야. 이때 석가모니는 한 손으로 하늘을, 또 한 손으로 땅을 가리켰다고 하는데, 이 모습을 본뜬 글자가 바로 子 자야. 그 유래를 듣고 나서 보니 子 자는 간결하면서도 단단한 힘이 느껴지는구나.

참, '학문(學問)', '학교(學校)' 할 때 쓰는 學 자에도 子 자가 들어 있어. 좀 복잡해 보이지만 찬찬히 들여다보면 금세 찾을 수 있을 거야. 위쪽에 있는 글자는 무슨 뜻일까? 양손을 본뜬 臼(구) 자, 대나무를 잘라 셈 공부를 하는 산가지를 본뜬 爻(효) 자가 있구나. 아하, 아이[子]가 집[宀]에서 양손[臼]으로 산가지[爻] 셈을 하고 있는 모습이야. 그러니 '배우다, 공부하다'는 뜻이구나.

혹시 여자 아이들은 이 말을 듣고는 귀한 사람이라는 뜻을 지녔던 子 자가 아들을 뜻하는 글자가 되어 남녀 차별이라고 섭섭해 할 수도 있겠구나. 그래, 한때 사람들은 여자에 견주어 남자를 더 높은 존재로 여겼던 게 사실이야. 하지만 그건 힘을 쓸 일이 많고 전쟁을 자주 벌여야 했던 시대에나 퍼져 있던 생각이지. 오늘날에는 어림도 없어. 만약 남자아이 가운데 아직도 남자와 여자를 차별하는 친구가 있다면 한마디 해 줘. "창으로 사냥해 봤니? 쟁기로 밭을 갈아 보고나 그런 말을 하시지."라고 말이야.

　남자와 여자는 저마다 특별한 능력을 지니고 있지. 어떤 능력이 더 뛰어나거나 모자라다고 받아들여서는 안 돼. 장점을 잘 살리고 단점을 채워 주면서 더불어 가정과 사회를 꾸려 가는 거지.

　여자가 아이를 낳듯, 女 자도 많은 글자를 낳았지. 우리 이름에는 '김, 이, 박'처럼 성이 앞서 붙지. 이 성씨를 한자로 姓(성)이라고 써. 자식은 아버지 성을 따라 이름을 지어. 여기에도 남자를 더 귀하게 여겼던 생각이 스며들어 있어. 요즘에는 간혹 아버지와 어머니 성을 함께 붙여서 이름을 짓기도 하지만, 대부분은 여전히 아버지 성을 따르지. 왜 이렇게 평등하지 않느냐고 너무 속상해 하지 마. 한자를 풀어 보면 그래도 무거웠던 마음이 좀 풀릴 거야. 姓은 女 자에다 태어나다는 뜻의 生(생) 자를 붙이지. 자식이 여자에게서 태어났다는 걸 또렷이 보여 주고 있잖아.

　　언니와 여동생을 자매라고 하는데, 한자로 姉妹라고 써. 姉(자) 자는 나이가 많은 언니를 뜻하고, 妹(매) 자는 여동생을 뜻해. 두 글자 모두 女 자가 붙어 있구나. 姉 자에서 오른쪽에 있는 市(시) 자는 넝쿨이 위로 올라가는 모양을 본뜬 글자야. 그러니 언니를 뜻하는 게 당연하지. 妹 자에서 오른쪽의 未(미) 자는 앞서 배운 글자야. 기억나니? 네가 한번 그 뜻을 떠올리며 풀이해 봐.

　　이에 견주어 형과 남동생을 형제라 하고, 한자로 兄弟라고 쓰지. 형을 뜻하는 兄(형) 자는 입을 뜻하는 口(구) 자에 다리를 붙인 거란다. 눈 밑에 발이 달려 있는 見(견) 자처럼 말이야. 동생보다 밥을 더 많이 먹었다고 해서 口 자를 써 놓은 건가? 그건 아니고, 원래 兄 자는 인구가 늘어난다는 뜻으로 쓰이던 글자였대. 이게 나중에 형을 의미하는 글자로 바뀐 거지.

　　아우를 뜻하는 弟(제) 자는 설명하기가 좀 복잡한데, 막대기에 가죽 끈을 묶은 모양을 본뜬 글자야. 옛날에는 막대기에 묶은 가죽 끈의 개수로 서열을 매겼다고 해. 그러니까 원래 弟 자는 아랫사람을 뜻하는 글자였어. '제자(弟子)' 할 때 쓰는 弟 자도 동생이 아니라 아랫사람을 뜻하지.

자, 달을 보며 노래한 우리 옛 노래를 다시 불러 보렴. '계수나무로 집을 지어서, 양친 부모 모셔다가, 천년만년 영원히 함께 살고 싶다.'는 꿈을 한마디로 뭐라고 표현할 수 있을까? 그래, 효도야. 부모에게 효도하며 행복하게 살고 싶다는 바람이지. 효도라는 뜻을 지닌 한자는 孝(효) 자야. 아니나 다를까, 孝 자에도 子 자가 들어가 있구나. 子 자의 윗부분 글자는 늙은 로(老) 자가 모양을 약간 바꾼 거야. 그러니까 孝 자는 늙은 부모〔老, 耂〕를 자식〔子〕이 업고 있는 모양이 되지. 우리가 어렸을 때에는 부모에게 업혀서 자랐으니, 커서는 거꾸로 늙은 부모를 업어 드려야 한다는 뜻이 담겨 있어. 孝 자는 이렇듯 효도의 뜻을 가장 쉽고 알맞게 담아냈단다.

이제 부모 형제를 한자로 쓸 수 있게 되었지? 그래, 父母 兄弟야. 그리고 학교에서 흔히 듣는 학부모니 학부형이니 하는 어려운 말들도 모두 한자로 쓸 수 있겠지? 學父母, 學父兄 — 이렇게 말이야.

한자 세계는 마치 우주처럼 넓고도 깊어. 하지만 지레 겁먹을 필요는 없어. 마치 달에 초가삼간을 짓는 것처럼 아주 작고 소박하게 시작하면 돼. 여기에 한자 가족을 하나둘 불러 모으면 너도 모르는 사이에 왁자지껄 북적거리는 대가족을 이룰 수 있을 거야.

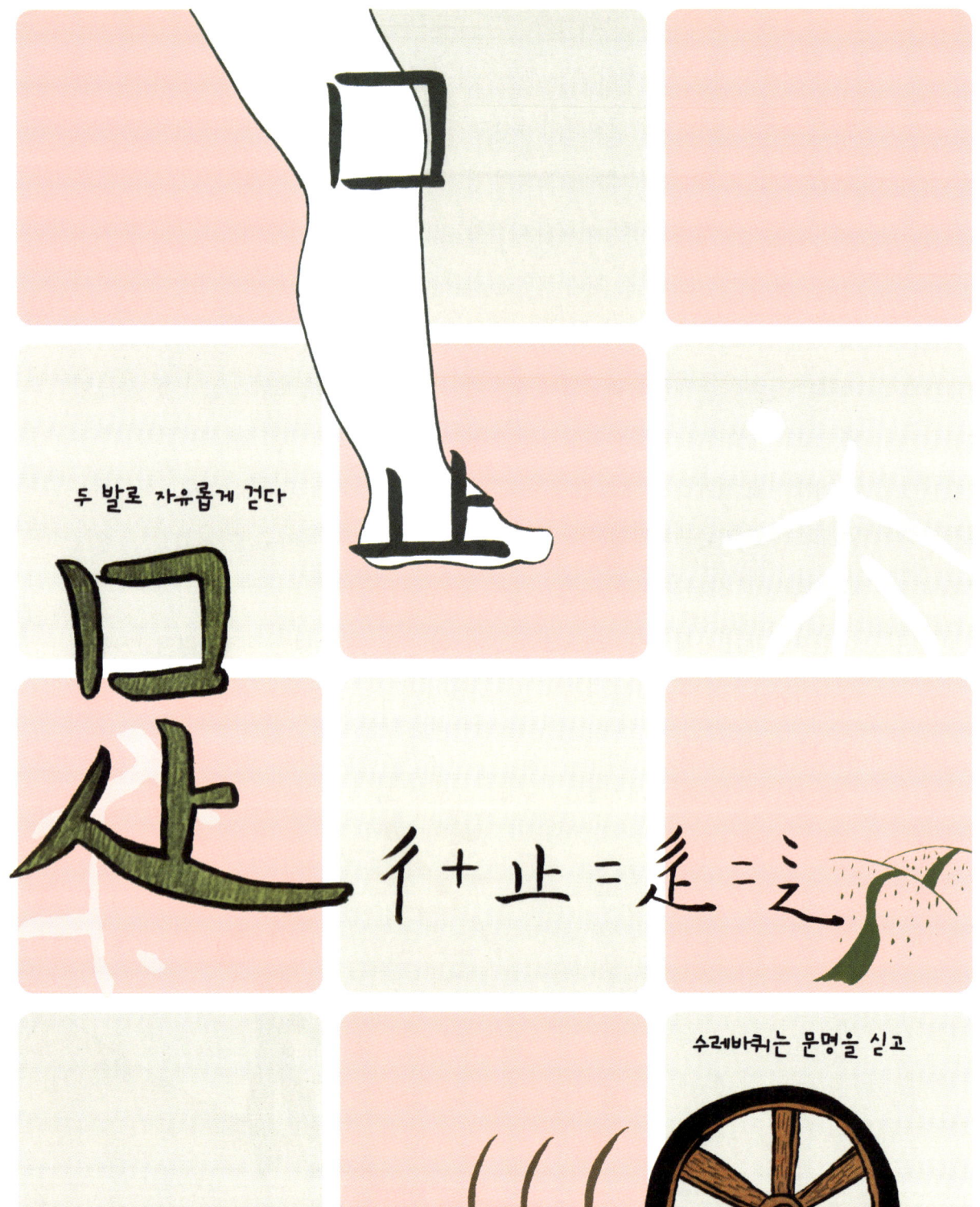

두 발로 자유롭게 걷다

중국에서는 걷다는 뜻의 走(주) 자가 한국과 일본에서는 달리다는 뜻으로 쓰여. 이처럼 한자에는 문화의 차이가 그대로 드러나기도 한단다.

손과 얼굴에 얽힌 한자 이야기를 했으니 다리 이야기도 빼놓을 수 없겠지? 사람들은 다리가 있기 때문에 움직일 수가 있어. 아무리 잘 보고 잘 듣고 손재주가 있어도 몸 전체를 움직이기 위해서는 다리 신세를 져야 해. 다리의 소중함을 일깨워 주는 재미난 이야기가 있어. 한번 들어 볼래?

어느 날 사슴이 호숫가에서 물을 마시다가 물에 비친 자기 뿔을 보고 황홀했단다. 그러다가 문득 호리호리한 자기 다리를 보고는 한숨을 지었어.

'내 뿔은 이렇게 잘생겼는데, 다리는 왜 이다지도 못생겼을까?'

사슴이 이런 생각에 정신을 팔고 있을 때였단다. 갑자기 사냥꾼이 나타나 활을 쏘았어. 사슴은 '걸음아, 날 살려라!' 하고 정신없이 뛰어 달아났지. 그런데 큰 뿔이 자꾸 나뭇가지에 걸렸어. 하마터면 사냥꾼에게 잡힐 뻔했지 뭐니? 그러나 튼튼하고 잽싼 다리 덕분에 겨우 사냥꾼을 떨쳐 낼 수 있었어. 잘난 뿔 때문에 죽을 뻔했고, 오히려 못생긴 다리 때문에 생명을 건진 셈이지.

'고맙다, 내 다리야. 미안하다, 내 다리야.'

그 뒤로 사슴은 절대로 다리를 업신여기지 않았대.

사람도 이야기 속 사슴과 크게 다르지 않아. 발은 신발에 감춰져 있어서 그런지 곧잘 그 고마움을 잊고 지내지. 그러나 이 다리 때문에 자유로이 몸을 옮길 수가 있어. 그러니까 다리의 고마움을 한 번 더 생각해 봤으면 해.

다리를 뜻하는 한자는 여러 개가 있지만, 그중에서 가장 널리 쓰이는 글자가 足(족) 자야. '종로', '을지로' 할 때의 '로'는 길을 의미하는 한자말이야. 한자로는 路(로) ― 이렇게 쓰지. 여기에도 발을 뜻하는 足 자가 들어 있구나. 足 자를 못 찾겠다고? 足 자가 다른 글자와 어울리기 좋게 모양을 살짝 바꾸어서 그래. 𧾷― 이렇게 말이야.

그런데 足 자에 웬일로 口(구) 자가 달려 있지? 여기서 口 자는 입이 아니라 무릎 모양을 나타낸 것이라고 해. 그리고 아랫부분의 止(지) 자는 발목에서 발바닥까지의 모양을 본뜬 글자야. 또는 땅바닥에 찍힌 발자국 모양을 본뜬 글자라는 이야기도 있어. 그러니 足 자에서 口 자를 빼고 止 자만 써도 걷는 것과 관계가 있는 글자가 돼. 예를 들어 바르다는 뜻을 지닌 正(정) 자는 하나의 목표를 뜻하는 一 자와 止 자를 합친 글자로, 사람이 정한 목표를 향해 똑바로 가는 모습을 뜻하지.

사실 무릎 없이 발만으로 걸을 수는 없어. 나이 들어 무릎이 아파서 잘 걷지 못하는 사람들도 많잖아. 옛날 사람들도 무릎의 소중함을 깨달았는지, 무릎이 없는 止 자는 나중에 제자리에 멈춘다는 뜻으로 바뀌었어. 피를 멈추게 하는 것을 지혈이라고 하잖아. 이걸 한자로 止血이라

고 써. 물론 이때 血(혈) 자는 피를 뜻하는 글자이지.

피를 뜻하는 한자를 왜 그렇게 쓰느냐고? 血 자는 그릇을 뜻하는 皿(명) 자와 비슷하지. 皿 자는 한눈에 보기에도 그릇처럼 생겼어. 옛날 사람들은 그릇에 짐승의 피를 담아 신에게 제사를 지냈다고 해. 그래서 皿 자에다가 점 하나를 덧붙여서 피를 나타내게 된 것이란다.

그러고 보니 한자에는 제사 지내는 것과 관계된 글자가 제법 많구나. 옛날에 신에게 제사를 지내는 일은 아주 중요한 일 가운데 하나였어. 하늘의 뜻을 받들어 나라와 부족과 개인의 앞날을 결정하는 자리였거든. 따라서 제사를 맡은 제사장은 하늘의 뜻을 기록으로 남겨서 후손에게 전해 주어야 했어. 따라서 글자는 제사를 지내면서 처음 생겨났을 가능성이 많아. 그리고 오랫동안 제사를 맡은 사람만이 사용할 수 있었을 거야. 갑골 문자도 대부분 제사를 지내고 점을 치던 내용이라고 하잖아. 그러니 한자에 제사와 관련된 글자가 많을 수밖에 없지.

발과 관련된 한자 가운데에는 걷다는 뜻을 지닌 彳(척) 자가 붙어 있는 글자들도 많아. '행동(行動)' 할 때의 行(행) 자도 그렇고, '종로1가', '을지로2가' 할 때의 街(가) 자도 그래.

彳 자와 止 자가 합쳐지면 어떤 글자가 될까? 辵(착)이라는 아주 복잡한 글자가 되지. 위에 삐친 彡은 彳 자가, 그 밑의 글자는 止 자가 모양을 바꾼 거야. 止 자가 들어가니까 그 뜻을 짐작할 수 있겠지? 그래, 쉬엄쉬엄 가다는 뜻이야. 辵 자가 변 부수가 되어 다른 글자와 어울릴 때는 모양을 간단하게 바꿔. 辶—이렇게 말이야.

辶 변 역시 다리 모양을 나타낸 글자이니 걷는 행위와 관련된 글자에 쓰이지. 걸으려면 무엇보다 길이 있어야 하잖아. 그래서 辶 변은 길과 관련된 한자에 자주 모습을 나타내곤 해. 예를 들어 '도로(道路)' 할 때 쓰는 道 자는 길을 뜻하는 한자란다.

그런데 길을 뜻하는 道 자에 왜 머리를 뜻하는 首(수) 자가 있을까? 道 자는 옛날에 군인들이 전쟁터에 나갈 때, 적의 머리를 창끝에 매달아 들고 다닌 모습을 본뜬 글자라고 해. 아주 잔인하고 야만스러운 일로 보이지만, 거기에는 무사히 길을 가서 싸움에서 이기게 해 달라고 비는 제사의 의미가 담겨 있다는구나. 이렇게 무시무시한 유래를 지닌 道 자는 나중에 감쪽같이 변신을 해. 길을 뜻하는 데서 한 발 더 나아가 사람이 갖추어야 할 높은 마음이나 정신, 또는 사물의 이치나 근본을 뜻하는 글자로 쓰이게 된 거지. '도덕(道德)', '법도(法道)', '태권도(跆拳道)' 할 때 바로 이 道 자를 쓴단다.

이 밖에도 辶 변과 짝을 이루는 한자 가족은 아주 많아. '멀다', '가깝다'는 말도 길과 연결되어 자주 쓰이지. 그래서 멀다는 뜻을 지닌 遠(원) 자, 가깝다는 뜻을 지닌 近(근) 자에도 辶 변을 써. 두 글자를 합치면 멀고 가까움을 뜻하는 遠近(원근)이라는 낱말이 되지. 또 나아가다는 뜻을 지닌 進(진) 자, 물러서다는 뜻을 지닌 退(퇴) 자도 辶 변과 한 가족을 이뤄. 앞으로 나아가고 뒤로 물러섬을 한자말로 進退(진퇴)라고 하지. 좀 어렵기는 해도 뜻을 풀이하고 나면 한결 눈에 들어오지 않니?

수레바퀴는 문명을 싣고

바퀴를 발명하면서부터 사람들은 무거운 물건도 거뜬히 옮길 수 있었어.
바퀴야말로 인간이 눈부신 문명을 이루는 데 일등 공신인 셈이지.

차는 사람과 물건을 빠르게 실어 나르는 고마운 발명품이지. 옛날에 자동차 구실을 한 것은 수레였어. 수레를 뜻하는 한자는 車(차)야. 이것은 바퀴 두 개가 달린 수레를 위에서 내려다본 글자란다. 정말 수레 같다는 생각이 들지?

　자, 이제 辶 변에 이 수레를 얹어 놓아 봐. 어떤 글자가 될까? 連(연) 자가 되지. 짐을 실은 수레들이 길에 죽 늘어서 있는 모양을 본뜬 글자야. 끊이지 않고 이어져 있다는 뜻을 지녔단다. 그럼 옛날에도 수레가 길에 죽 늘어서서 길이 막히는 경우가 있었다는 얘기네. 눈을 감고 한번 떠올려 봐. 좁은 길에 수레를 끄는 말과 소, 그리고 사람들이 한데 뒤엉켜 우왕좌왕하는 광경을 말이야. 어때, 차들이 길에 밀려 있는 오늘날이랑 그다지 다를 게 없지 않니? 이처럼 예나 지금이나 바뀌지 않고 비슷하게 통하는 게 있게 마련이지. 어, 이제 보니 통하다는 뜻의 通(통) 자도 辶 변과 한 식구로구나.

그런데 말이야, 수레 여러 대가 빠르게 지나가면 어떻겠니? 수레가 덜컹거리면서 시끄러운 소리가 나겠지? 그래서 車 자가 세 번 합쳐진 轟(굉) 자는 아주 시끄러운 소리를 뜻하는 한자가 되었단다. '굉음(轟音)' 할 때 이 轟 자를 쓰지.

車 자가 나왔으니 바퀴 이야기를 빠뜨릴 수 없지. 수레건 자동차건 바퀴를 달고 있어. 바퀴야말로 인간이 눈부신 문명을 일구는 데 큰 몫을 해낸 일등 공신이란다. 바퀴를 발명하면서부터 사람들은 아주 무거운 물건도 거뜬히 빠르게 옮길 수 있었어. 우리가 세계의 불가사의로 손꼽는 피라미드나 만리장성 같은 거대한 건축물들도 바퀴의 도움을 받았기 때문에 가능했던 일이야.

또 바퀴는 전쟁에서도 엄청난 힘을 발휘했지. 수레를 탄 군대와 발로만 뛰어다니는 군대가 싸움을 벌인다고 생각해 봐. 결과는 불 보듯 뻔하지. 군대를 뜻하는 軍(군)이라는 글자를 보렴. 수레[車]가 군대를 이루는 가장 중요한 요소라고 인정하고 있잖아. 나라를 지키고, 또 다른 나라에 쳐들어가기도 하는 군대의 힘은 수레, 곧 기동력에서 나온단다.

발에서 시작한 이야기가 어느덧 바퀴까지 흘러왔네. 그러고 보니 발과 바퀴는 모두 인간의 문명과 아주 깊은 관련이 있어. 인간은 두 발로 걷게 되면서 비로소 손을 사용하게 되었지. 손이 자유로워지면서 도구를 사용할 수 있었고, 생각을 키울 수 있었지. 나아가 새로운 무언가를 발명할 수 있게 되었단다. 그중에서도 바퀴의 발명은 문명이 발전하는 데 결정적인 역할을 했어. 바퀴를 제대로 사용하지 못한 민족은 낙오되거나 바퀴를 사용한 민족의 지배를 받아야 했지. 남아메리카 원주민들은 바퀴를 쓸 줄 몰랐기 때문에 문명이 발달하는 속도가 느렸고, 결국 유럽의 지배를 받았다는 말도 있어. 바퀴의 힘을 새삼 실감하는 이야기야. 그러니 바퀴가 발명되면서 문명이 본격적으로 발달하기 시작했다고 해도 틀린 말이 아니야.

생활을 담은 한자

아홉 번째 마당

옛날 사람들은 어떻게 살았을까

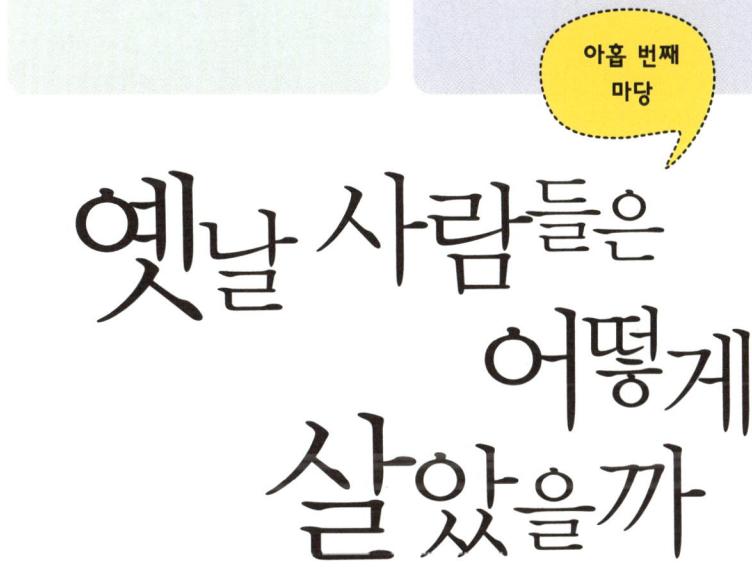

칼도 되고 바늘도 되는 쇠

생활을 담은 한자

돈과 관련된 한자에는 어김없이 조개를 뜻하는 貝(패) 자가 들어 있어.
貝 자의 한자 가족을 보면 옛날에 조개가 돈으로 쓰였다는 사실을 알 수 있지.

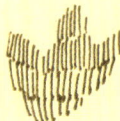

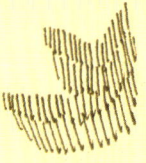

사람은 살아가면서 갖가지 병에 걸리곤 해. 물론 옛날에도 사람을 시름시름 앓게 하는 질병이 있었을 거야. 질병을 뜻하는 한자는 病(병) 자야. 이 病 자는 갑골 문자에도 이미 등장했단다. 이 갑골 문자는 환자가 침대에 누워 땀을 흘리고 있는 모습을 그린 것이래. 그런데 오늘날의 病 자를 보면 침대는커녕 방바닥도 보이지 않지. 하지만 이 病 자를 옆으로 돌려 보렴. 어때, 점 두 개를 찍어 놓은 것이 침대 다리라는 것을 알 수 있겠지?

또 하나 중요한 점! 이 病 자는 은나라 때 이미 침대가 있었다는 사실을 말해 주고 있어. 보통 사람들이 늘 침대에서 생활했는지는 알 수 없지만 환자를 침대에 누여 놓은 건 분명해. 그래서 병과 관계가 있는 한자들에는 거의 대부분 침대 모양을 본뜬 疒(녁) 자가 붙는단다.

옛 생활을 엿볼 수 있는 글자를 하나 더 알아볼까? 돈과 관계가 있는 글자에는 어김없이 조개를 뜻하는 貝(패) 자가 붙어 다녀. 왜 그럴까? 화폐가 없던 옛날에는 조개껍데기를 돈처럼 썼거든. 재산을 뜻하는 財(재) 자는 貝 자와 재능을 나타내는 才(재) 자를 합친 글자야. 그뿐이니? 가난을 뜻하는 貧(빈) 자는 貝 자 위에 '나누다, 흩어지다'는 뜻의 分(분) 자를 올려놓았어. 돈이 한곳에 모이지 않고 사방으로 흩어졌으니 가난해질 수밖에 없잖니.

貧 자와 반대로 돈이 흩어지지 않고 한곳에 모이는 글자도 있어. 바로 貯(저) 자야. 이 글자의 貝 자 옆 글자는 지붕〔宀〕 밑에 丁(정) 자를 쓴 거잖아. 丁 자는 못을 박아 놓은 것처럼 움직이지 않는 상태를 나타내. 貯 자는 당연히 '돈을 쌓다, 저축하다'는 뜻이야.

돈을 주고 물건을 사고파는 것을 매매(賣買)라고 해. 팔다는 뜻의 賣 자에도, 사다는 뜻의 買 자에도 貝 자가 들어 있구나. 賣 자 위의 士(사) 자는 원래 선비를 뜻하는 글자인데, 여기서는 나가다는 뜻을 지닌 出(출) 자를 간단하게 나타낸 글자야.

그럼 부자를 뜻하는 한자에는 貝 자가 몇 개나 붙어 있을까? 세 개? 네 개? 그럴 것 같지만, 사실은 하나도 붙어 있지 않아. 자, 보렴. 富(부) 자야. 그저 지붕(宀) 밑에 畐(복) 자가 놓여 있을 뿐이야. 富 자는 돈을 대표하는 한자인데 왜 貝 자가 없는 걸까? 畐 자는 貝 자 못지않게 큰 재산을 뜻해. 새해에 "복 많이 받으세요."라고 할 때 복(福) 자에도 畐 자가 붙어 있는 걸 보면 귀중한 물건을 뜻하는 게 틀림없어.

옛날 사람들에게 돈 못지않은 재물이 무엇이었을까? 그건 다름 아닌 술이야. 畐 자는 술을 담은 항아리를 본뜬 글자야. 옛날에 술은 조상을 기리거나 하늘에 제사를 지낼 때 없어서는 안 되는 귀중한 음료였어. 이처럼 소중한 음식이었으니 술을 항아리에 담가 하늘에 제사를 지내는 사람은 신분이 아주 높고 또한 부자였을 거야. 앞서 살펴본 福 자도 신에게 제사를 지내는 제단 모양에서 나온 示(시) 자 옆에 술 항아리를 그려 놓은 글자야. 이렇듯 富 자에 귀한 술 항아리를 그려 넣었으니 따로 貝 자를 쓸 필요가 없었던 거지.

세월이 흘러 금속으로 만든 돈이 나오면서, 한자에도 조개나 술 항아리가 들어가는 글자 대신 돈을 뜻하는 錢(전) 자가 나타났어. 당시에 돈은 금화건 은화건 동전이건 모두 금속으로 만들었지. 그래서 금속을 나타내는 金(금) 자가 붙는단다. 옛날 사람들은 금속 가운데 가장 귀한 금속을 황금으로 쳤어. 그래서 황금을 나타낼 때도 그냥 金 자를 썼지. 그다음으로 값진 금속은 은이었어. 은을 나타내는 銀(은) 자야.

그리고 옛날 사람들은 동, 곧 구리도 아주 귀한 금속으로 여겼단다. 사실 인류가 가장 먼저 발견한 금속이 바로 구리야. 그전에는 그저 돌이나 흙으로 도구를 만들어 사용하였지. 그런데 뜨거운 불로 돌을 녹여서 그 안에 있는 구리를 뽑아내는 기술을 발견한 거야. 구리를 제조하려면 아주 많은 사람들이 오랜 시간 노력을 기울여야 했어. 이 귀한 금속은 제사를 지내는 그릇이나 신을 부르는 방울, 그리고 한 부족이나 무리의 우두머리가 사용하는 무기를 만드는 데에만 사용되었단다. 구리를 뜻하는 글자는 銅(동)이야. 언뜻 보면 구리는 노랗게 반짝이는 게 꼭 금 같아. 그래서 銅 자는 金 자와 같다는 뜻의 同(동) 자가 합쳐져 있지. 말하자면 금과 똑같이 생긴 금속이라는 뜻이야.

金, 銀, 銅 말고 우리가 흔히 보는 금속으로는 또 어떤 게 있을까? 그래, 철이 있구나. 철은 오늘날 산업 사회를 이루는 데 가장 중요한 금속으로 손꼽히지. 철을 뜻하는 한자는 鐵(철)이야. 아니나 다를까, 鐵 자도 역시 金 자 가족이구나.

이런 여러 가지 금속을 가지고 무엇을 만들어 내는 기술은 한자로 工(공)이라고 써. '공장(工場)', '공업(工業)' 할 때 모두 이 工 자를 쓰지. 工 자는 어떤 모양을 본뜬 글자일까? 여러 가지 유래가 전해지지만, 글자 모양대로 무엇을 뚫는 모습을 본뜬 거라고 이해하는 게 좋을 것 같아. 사실 금속을 다루는 기술 가운데 제일 어려운 기술은 금속에 구멍을 뚫는 거야. 이 기술에 견주면 금속을 구부리거나 펴거나 날카롭게 하는 기술은 그래도 쉬운 편에 속해. 금속에 구멍을 뚫을 수 있어야 비로소 금속 다루는 기술을 지녔다고 말할 수 있어.

칼도 되고
바늘도 되는 쇠

금속이 칼처럼 차갑고 날카로운 성질만 가진 것은 아냐.
바늘처럼 찢어진 것을 꿰매고, 잘린 것을 이어 주며,
떨어진 것을 붙여 주기도 했단다.

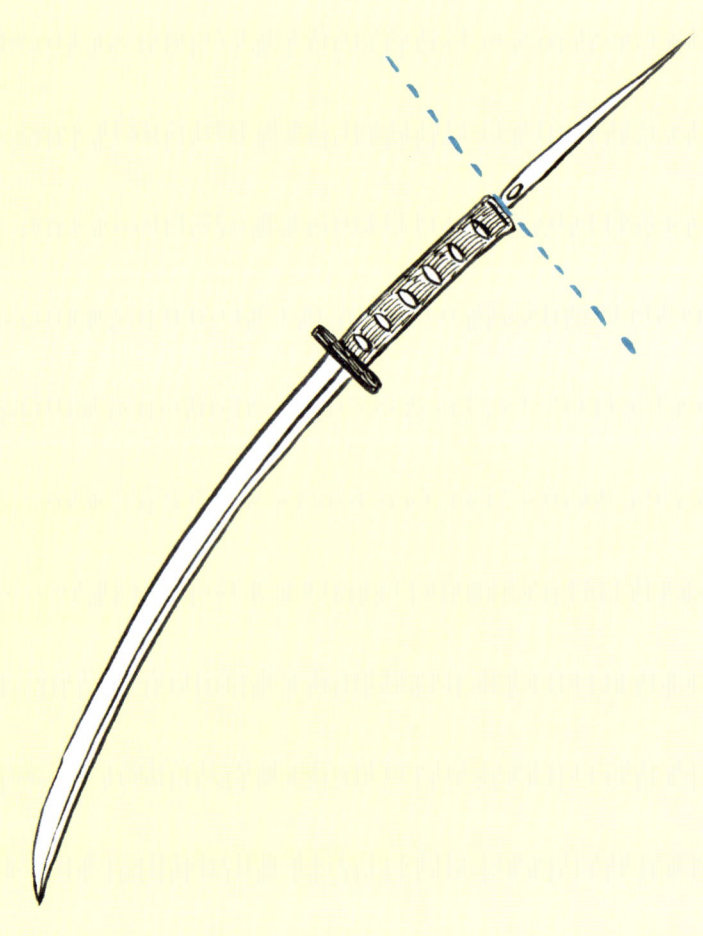

금속의 발견은 인류에게 엄청난 변화를 가져다주었어. 전쟁에서 이기고 지는 것도 얼마나 단단하고 날카로운 금속 무기를 지녔느냐에 달려 있었지. 강한 칼과 튼튼한 방패를 가진 쪽이 훨씬 유리하잖아. 농기구도 금속으로 바뀌면서 사람들은 이전보다 훨씬 쉽고 빠르게 농사를 지을 수 있었어. 덕분에 생산량도 눈에 띄게 늘어났지. 어디 이뿐이겠니? 금속을 사용하면서 집과 배와 수레도 한결 크고 튼튼하게 만들 수 있었어. 산업이 발전할수록 금속은 인류에게 더 많은 도움을 주었단다. 따라서 한자 가족 중에는 금속의 혈통을 이어받은 글자가 많아. 물질문명만이 아니라 정신문명을 나타낸 글자도 금속과 짝을 이루는 경우가 적지 않지.

앞에서 배운 分(분) 자 기억나니? 나누다는 뜻이었잖아. 分 자의 八(팔) 자 밑에 있는 글자가 금속 칼을 뜻하는 刀(도) 자야. 척 보기에도 칼 모양을 본뜬 글자라는 걸 알겠지? 그러니까 分 자는 칼로 무언가를 여덟 번 잘라서 나누는 모양을 본뜬 글자이지. 여기서 八 자는 꼭 여덟 번이라기보다는 여러 번이라는 의미일 거야. 자르다는 뜻의 切(절) 자에도 칼〔刀〕이 들어가 있구나.

꼭 무엇을 자르는 모양을 나타낸 글자에만 刀 자가 들어가는 건 아니야. 옳고 그름을 판단하고 흑백을 가리는 일에도 刀 자가 붙는단다. '판결(判結)', '판사(判事)' 할 때의 判(판) 자를 살펴보자꾸나. 오른쪽 刂(도) 자는 刀 자가 모양을 바꾼 거야. 옆에 있는 半(반) 자는 절반을 뜻하는 글자이지. 판사는 어떤 사람이 죄가 있는지 없는지 판결을 내리잖아. 이때 판사는 칼로 무언가를 자르듯 날카롭고 반듯하게 판결해 줘야 해. 모두가 수긍할 수 있도록 말이야. 判 자에는 그런 바람이 담겨 있는 셈이지.

이번에는 좀 어려운 글자를 배워 볼까? '연극' 할 때 극을 한자로 劇이라고 써. 어휴, 오른쪽에 칼(刂)이 들어가 있는 건 알겠는데 나머지 글자들은 도무지 뭔지 모르겠다고? 찬찬히 뜯어보면 정말 연극처럼 극적인 글자란다. 위쪽 虍(호) 자는 호랑이를 뜻하는 虎(호) 자에서 따온 것이고, 그 밑의 豕(시) 자는 돼지를 가리키는 글자야. 그리고 여기에서 刂 자는 호랑이의 날카로운 발톱을 뜻해.

자, 이제 눈을 감고 한번 떠올려 봐. 산속 덤불 사이에 호랑이가 잔뜩 엎드린 채 숨을 죽이고 있어. 호랑이는 지금 몇 발짝 앞에 있는 멧돼지를 노리는 중이야. 멧돼지는 눈치가 빨라서 자칫 어리바리 움직였다가는 놓치고 말아. 어느 순간 호랑이는 멧돼지를 향해 쏜살같이 튀어 나갔어. 그러고는 날카로운 발톱을 휘둘러 멧돼지를 단번에 쓰러뜨렸지. 호랑이가 멧돼지를 사냥하는 장면은 그야말로 긴장되고 침을 꿀딱 삼키게 할 정도로 극적이지. 이런 모습을 본뜬 글자가 바로 劇 자란다.

정말이지 금속 문명, 칼의 문화는 인류에게 극적인 변화를 가져다주었어. 눈부신 발전을 선물했는가 하면, 가슴 아픈 전쟁의 역사도 함께 기록하게 했지. 그러나 금속이 차갑고 날카로운 성질만 가진 것은 아니야. 때로는 부드럽고 따뜻하게 감싸 주고, 서로를 이어 주기도 했단다. 바늘은 같은 쇠라도 나누고 쪼개고 끊고 자르는 칼과는 전혀 반대되는 역할을 맡았어. 찢어진 것을 꿰매고, 잘린 것을 이어 주고, 떨어진 것을 붙여 주지. 바늘을 한자로 針(침) ― 이렇게 써. 모든 것을 모아 주는[十] 금속[金]이라는 뜻이야.

바늘 가는 데에는 무엇이 따라다니지? 반드시 실이 따라다니잖아. 실을 뜻하는 한자는 糸(사) 자야. 糸자는 가는 실을 꼬아 만든 실타래를 본뜬 글자래. 그래서 糸 자 두 개를 포개어 絲(사)라고도 쓰지. 실은 가느니까 가늘다는 뜻의 細(세) 자를 만들지. 또 실은 끊이지 않고 이어지니까 한 핏줄을 뜻하는 系(계) 자를 만들기도 해.

어머니가 바느질하는 모습을 본 적이 있니? 실을 바늘귀에 끼고 난 다음에는 실 끝에 매듭을 지어야 꿰맨 실이 빠지지 않지. 이 모습을 나타낸 글자가 바로 約(약) 자야. '약속(約束)', '계약(契約)' 할 때 이 約 자를 쓴단다.

실[糸]이 서로 흩어져서 나뉘어[分] 있으면 어떻겠니? 서로 뒤얽혀서 어지럽겠지? 따라서 紛(분) 자는 서로 다투거나 뒤얽혀서 어지러운 상태를 나타내는 글자란다. '분쟁(紛爭)' 할 때 이 紛 자가 쓰이지. 이와는 반대로 결합하다는 뜻을 지닌 結(결) 자에도 糸자가 들어가. 사실 실은 조각난 옷감을 꿰매 주기 위해 존재하지.

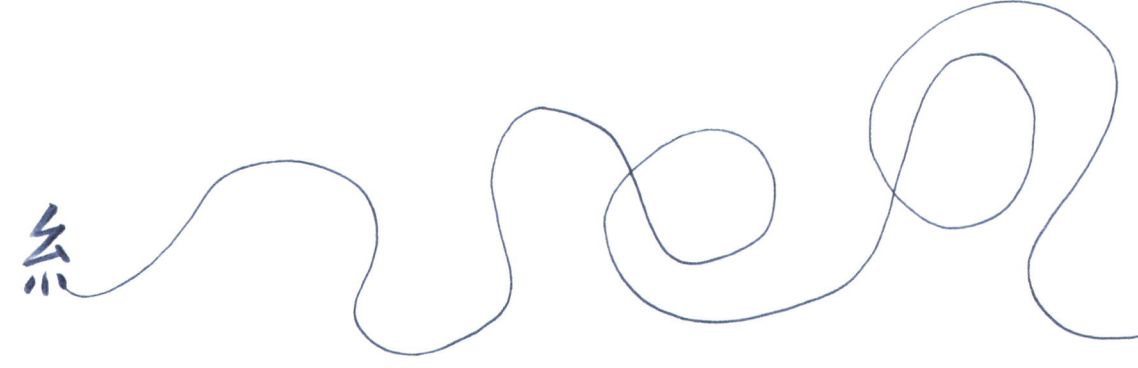

그러니 結 자는 실의 성질을 가장 잘 나타낸 글자라고 할 수 있어. 糸자 옆의 吉(길) 자는 '좋다, 아름답다, 착하다'는 뜻을 지녔단다.

너는 기억에 없겠지만, 돌날 잔칫상 위에는 으레 실을 올려놓는단다. 실처럼 목숨이 길게 이어져 오래오래 살라는 뜻이지. 그래서 아기가 실을 집으면 어른들은 "그 녀석 오래 살겠구나."라고 덕담을 했단다.

하지만 실이 아무리 길게 이어져도 끝이 있게 마련이지. 이처럼 끝이 나다는 뜻을 지닌 한자가 終(종)이란다. 糸자 옆의 冬(동) 자는 겨울을 나타내는 글자야. 겨울은 계절의 끝이지. 따뜻한 봄과 무더운 여름을 지나면 가을이 오고, 가을이 가면 온 천지는 흰 눈으로 덮여 풀잎도 꽃도 나뭇잎도 사라져 버리지. 짐승들은 땅속에 들어가 겨울잠을 자기도 하고.

그러고 보니 우리의 한자 이야기도 이제 끝날 때가 되었나 보다. 이제 끝마무리를 지어 보자. 終結(종결), 이렇게 한자로 써 봐. 우리의 한자 이야기는 여기에서 終結되지만, 한자의 공룡 발사국을 찾아가는 모험은 이제 비로소 시작되었어. 나머지 길은 네가 스스로 찾아가야지. 어때, 자신 있지?

뒷마당

한자가 어렵다고? 그냥 즐겨!

너, 조각 퍼즐로 집짓기 놀이 해 본 적 있지? 똑같은 모양의 조각이라도 맞추기에 따라서 담도 되고 벽도 되고 창과 굴뚝이 되기도 하잖아. 한자도 조각을 맞추어서 여러 가지 뜻과 모양을 나타낸단다.

우리는 여기에서 한데 모이기도 하고 새끼를 치기도 하는 한자 가족들을 만나 보았어. 그런데 한자는 워낙 오래된 글이라 어떤 글자가 어떻게 해서 그런 모양이 되었는지 잘 알 수 없는 것들이 많아. 그래서 풀이가 여러 가지로 다를 수도 있지. 예를 들어 우리가 배운 家(가) 자는 지붕 밑에 돼지가 들어 있는 모양이 분명하지만, 이걸 풀이하는 방식은 사람마다 다르단다.

어떤 사람들은 이게 인류가 사냥 문화에서 목축 문화로 넘어가는 과정에서 생긴 글자라고 해. 인류는 처음에는 짐승을 사냥하다가 나중에는 가축을 길러서 먹고살게 돼. 가축을 대표하는 동물은 아무래도 돼지니까, 家 자에 돼지(豕)가 들어 있게 되었다고 해.

또 어떤 사람들은 제사와 깊은 관련이 있는 글자라고 풀이하기도 하지. 곧 돼지를 잡아서 조상에게 제사를 지내던 집(사당)을 뜻한다는 거야.

이렇게 다 제각각이라 앞에서 이야기한 한자 풀이를 두고 다르게 이야기하는 사람도 있을 거야. 하지만 거기에 너무 머무를 필요는 없어. 그냥 집짓기 놀이를 하듯 한자를 요모조모 맞추어 보며 재미나게 즐기면 그만이지.

옛날 사람들은 한자를 가지고 재미난 놀이를 많이 만들어 내곤 했단다. 수수께끼도 만들어 내고, 비밀 편지도 만들었어. 한자를 자유롭게 가지고 놀았던 사람으로는 김삿갓을 빼놓을 수 없지.

김삿갓이 길을 가다 어느 집에서 하룻밤 신세를 졌어. 집주인은 김삿갓에게 다짜고짜 집에다 걸어 놓을 글씨를 써 달라고 했대. 김삿갓은 흔쾌하게 귀락당(貴樂堂)이라고 써 주었어. 이걸 그대로 풀이하면 귀하고 즐거운 집이라는 뜻이야. 이걸 보고 집주인이 얼마나 좋아했겠니? 하지만 여기에는 김삿갓이 몰래 숨겨 놓은 뜻이 또 하나 있단다. 귀락당을 거꾸로 읽어 봐. 당락귀가 되지 않니? 이걸 되풀이해서 빠르게 읽으면 당나귀가 돼. 그러니까 김삿갓은 집주인을 당나귀라고 놀려 준 것이란다.

이 밖에도 김삿갓과 한자에 얽힌 재미난 이야기는 아주 많아. 김삿갓이 이런 짓궂은 글만 남긴 건 아니야. 김삿갓이 지은 시들은 하나같이 멋있고 빼어나단다. 말하자면 한자를 가지고 자유롭게 즐길 수 있었기 때문에 멋진 시도 지을 수 있었던 거야.

그러니 너도 김삿갓처럼 즐기면 돼. 한자를 즐기는 사이에 옛날 사람들의 문화와 생각까지 저절로 알게 될 테니까.

긴가민가

하다고 흐지부지 넘어가면 쓰나

'긴가민가'와 '흐지부지'는 워낙 우리에게 익숙한 말이야. 그래서 대부분 사람들은 순우리말이라고 여기지. 하지만 어원을 따지고 보면 이게 다 한자말에서 나온 거란다. 한번 찬찬히 들여다볼까?

긴가민가는 '기연(其然)가 미연(未然)가'라는 한자말이 줄어든 말이야. 其然은 '그렇다', 未然은 '그렇지 않다'는 뜻이니까 이걸 한데 묶으면 '그런지 그렇지 않은지 흐릿하다'라고 풀이되지. 기억이 분명하지 않거나 확실한 판단이 서지 않을 때 흔히 쓰는 말이란다.

또 흐지부지는 한자어 '휘지비지(諱之秘之)'에서 나온 말이야. 휘지비지가 발음이 좀 어렵잖니? 그래서 사람들 입을 거치면서 흐지부지가 된 거지. 휘(諱) 자는 '말을 어긋나게 한다'는 뜻이고, 비(秘) 자는 '도무지 알 수 없고 종잡을 수 없다'는 뜻이야. 따라서 휘지비지는 '어떤 사건의 옳고 그름을 가리지 않고, 원인과 결과가 분명하지 않은 채로 어물쩍 끝나는 것'을 뜻해.

긴가민가, 흐지부지와 같이 순우리말처럼 보이는 말 가운데는 한자말에서 비롯된 게 아주 많아. 이런 말들은 어원을 알고 나면 그 뜻이 한결 또렷해지지. 그러니 말뜻을 긴가민가하면서 흐지부지 쓰지 않으려면 어원을 제대로 알아야겠지?

김치가

우리 밥상에 오르기까지

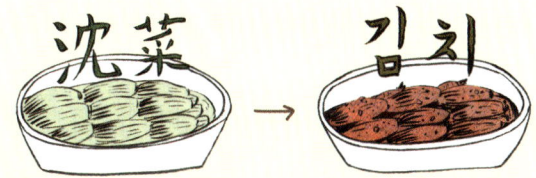

　우리나라 사람들이 가장 좋아하는 먹을거리로 김치를 빼놓을 수 없지. 아무리 푸짐한 상이 차려져도 김치가 빠지면 왠지 허전하고 먹을 게 없는 것처럼 아쉬워. 이 맛깔스러운 김치는 언제 어디서 시작되었을까?

　김치를 뜻하는 말로는 3천여 년 전 중국 책에 '菹(저)'라는 글자가 나와. 菹 자는 소금에 절인 채소를 뜻해. 학자들은 그와 비슷한 시기에 우리나라에서도 채소를 소금에 절여 먹었을 거라고 짐작한단다.

　우리나라에서는 고려 시대의 역사를 다룬《고려사》에서 처음 菹 자가 나와. 또 조선 시대《훈몽자회》에는 "菹를 '딤채 조'라고 하였다."고 쓰여 있어. 여기에서 '딤채'는 '침채(沈菜)', 곧 '소금물에 절인 채소'를 뜻해. '침채'는 시간이 흐르면서 팀채 → 짐채 → 김채 → 김치로 바뀐 거지.

　어때, 이제 김치가 어떻게 생겨났는지 알겠지? 그런데 왜 채소를 굳이 소금에 절여 먹었을까? 사람은 오랫동안 채소를 먹지 못하면 영양분이 부족해져서 병에 걸린단다. 그러면 채소가 자라지 않는 한겨울에는 어떻게 해야 할까? 이 문제를 거뜬히 해결한 게 바로 김치야. 소금에 절인 채소는 오랫동안 상하지 않고 영양분을 유지했거든.

　이렇게 시작된 김치는 세월이 지나면서 멋지게 발전해 갔지. 맛과 멋과 영양을 두루 갖춘 김치는 이제 세계 5대 건강식품으로 손꼽힐 만큼 세계적으로 인정받고 있어. 김치에 담긴 우리 조상들의 지혜는 정말 놀라워!

돌고 돌아 돈일까,

도(刀)처럼 생겨서 돈일까?

돈은 물건과 물건을 교환하는 번거로움을 덜기 위해 태어났어. 그러니 한곳에 머무르지 않고 끊임없이 돌고 돌 운명이지. 이처럼 '돈'은 '돌고 돈다'는 뜻을 그대로 음으로 나타낸 낱말이라고 해.

그런데 그보다는 칼을 뜻하는 한자 刀(도)에서 '돈'이라는 낱말이 생겨났다고 주장하는 사람들도 있어. 그게 무슨 말이냐고? 중국 연나라에서 쓰던 돈은 꼭 칼 모양처럼 생겼어. 그 칼에는 명(明) 자가 새겨져 있지. 그래서 명도전(明刀錢), 곧 '명(明) 자가 새겨진 칼(刀)처럼 생긴 화폐'라고 한단다. 이 명도전은 고조선 유적에서도 아주 많이 발견되었어. 이걸로 미루어 중국 연나라와 고조선이 활발하게 교류했다는 걸 알 수 있지. 아마 너도 이 명도전을 본 적이 있을 걸. 아무튼 이때부터 중국에서는 돈을 '도전(刀錢)', '도환(刀環)'이라고도 불렀단다. 이 가운데 '도환'이 우리나라에 들어오면서 '돈'으로 바뀌었다고 풀이한 거지.

칼이야, 돈이야?

어때, 돈에 刀 자가 숨어 있다니 놀랍지 않니? 돈은 정말 칼처럼 매서운 힘을 가졌어. 돈을 많이 지닌 사람은 세상 모든 것을 가진 것처럼 권력을 누리기도 하고 다른 사람들의 부러움을 받기도 하지. 하지만 돈은 돌고 돈다는 사실을 잊으면 안 돼. 그러니 돈을 쓸 때는 늘 먼 앞날을 내다보고 올바르게 써야겠지?

술래가
나타났다, 꼭꼭 숨어라

　술래잡기 놀이 해 봤니? 술래가 "머리카락 보인다. 꼭꼭 숨어라!" 하면서 한동안 등을 돌리고 있다가 여기저기 몸을 숨긴 친구들을 찾아내는 놀이잖아. 내가 어릴 적에는 신나게 술래잡기를 하며 하루를 꼴딱 보내기도 했어. 그런데 술래잡기라는 말은 언제 어디서 생겨났을까?

　술래잡기는 조선 시대에 생겨났단다. 조선 시대 《해동죽지》에는 "밤에 통행금지를 알리는 종이 울린 뒤 나졸을 풀어 통행금지를 어긴 사람을 잡았다. 아이들이 이를 흉내 내어 놀이를 하였는데 이를 '순라잡기'라고 한다."고 적혀 있어. 여기에서 '순라(巡邏)'는 밤에 궁궐과 서울 둘레를 돌며 감시하던 나졸을 일컫는 말이야. 순라잡기는 아이들 사이에서 아주 빠르게 퍼져 나갔어. 그러면서 발음이 '순라→술라→술래'로 바뀌어 갔지. 그래서 술래잡기가 된 거야.

　그런데 조선 시대에는 밤에 왜 통행금지가 있었을까? 생각해 보면 아주 간단해. 조선 시대에는 전기가 없었어. 간간이 호롱불이 희미하게 창문에 어른거릴 뿐, 사방이 온통 깜깜했지. 이 어둠을 틈타 도둑들이 활개 치고 다녔어. 그래서 밤이면 몸을 숨기는 도둑과 그 뒤를 쫓는 순라 사이의 숨 막히는 추격전이 심심찮게 벌어졌다는구나. 통행금지가 도둑을 줄이는 데 도움이 되길 바랐을 거야. 어쨌거나 이런 모습을 보고 술래잡기 놀이를 생각해 낸 아이들은 놀이 만들기의 천재들인 것 같아.

실랑이를 벌여도

신래 위에 담겨 있던 따뜻한 마음을 기억해

'실랑이'는 옳으니 그르니 억지스레 따지며 못살게 구는 일이나 서로 수작을 부리며 장난하는 모양을 일컫는 말이야. 이 말의 뿌리를 알아보려면 조선 시대 한양 궁궐로 거슬러 올라가야 해.

오늘은 며칠 전 과거 시험에 합격한 선비들이 정식으로 합격증을 받는 날이야. 선비들은 궁궐로 들어가 나란히 서서 자기 이름이 불리기를 기다리고 있어. 드디어 행사가 시작되면서 '신래 위 아무개!' 하고 차례로 선비들 이름을 부르면 선비는 앞으로 가서 합격증을 받았단다.

이때 새내기 선비가 걸어 나오면 앞서 벼슬길에 오른 선배들이 그 주위를 둘러싸고 온갖 장난을 저질렀어. 새 옷을 찢기도 하고, 얼굴에 먹으로 그림을 그려 넣기도 하고, "이리 오시게, 저리 가시게." 하며 서로 잡아당기기도 했지. 말하자면 선배들이 마련한 깜짝 축하 잔치였던 거야.

새내기 선비들을 부르던 '신래(新來) 위'는 '새로 들어온'이라는 뜻이란다. 이 '신래 위'가 나중에 '실랑이'로 바뀐 거지.

그런데 '실랑이'에는 이러니저러니 하며 남을 못살게 구는 겉모양만 남아 버렸어. 앞으로 '실랑이'라는 낱말을 쓸 때면 본디 '신래 위'에 담겨 있던, 후배 선비들을 사랑하고 힘을 북돋워 주던 선배들의 따뜻한 마음을 한번쯤 떠올려 봐.

양치질을
버드나무 가지로 한다고?

'양치질'의 어원은 뭘까? 한자를 어느 정도 아는 사람은, '어, 양치질은 한눈에 보기에도 한자말 같은데?' 하고 생각했을 거야. 아마도 '양치질'에서 '치'가 이빨을 뜻하는 齒(치) 자라고 눈치챈 거겠지. 제법 훌륭한 추리기는 한데 '양치질'에서 '치'는 이빨을 뜻하는 한자말이 아니란다.

양치질의 어원은 바로 '양지질'이야. 여기에서 '양지'는 버드나무 가지를 뜻하는 한자말이야. 한자로 楊枝라고 쓴단다. 뒤에 붙은 '질'은 '도구를 가지고 하는 일'을 뜻하는 순우리말이야. 楊枝질은 '버드나무 가지로 이빨을 닦는 일'을 뜻하지.

양지질은 불교와 깊은 관련이 있어. 불교에서는 예로부터 입안이 깨끗하면 정신이 맑아지고 수행에 집중할 수 있다고 했지. 그래서 음식을 먹고 난 뒤에는 늘 양지질을 했단다. 이 방법이 일반 백성들에게도 널리 퍼져 나가면서 낱말도 '양치질'로 바뀌었지.

참, 양치질 이야기가 나왔으니 한 가지 더 짚고 넘어갈 게 있어. '양지'라는 낱말은 일본으로 넘어가서 '요지'가 되었단다. 그래서 오늘날 일본 사람들은 이쑤시개를 '요지'라고 해. 그런데 우리나라 사람들 가운데 식당에서 "요지 하나 주세요."라고 말하는 걸 심심찮게 들을 수 있어. 일본말인 줄도 모르고 말이야. 그럴 때면 "요지는 일본말이에요. 이쑤시개라는 우리말을 쓰는 게 어떨까요?"라고 바로잡아 주렴.

찾아보기

*鷄 닭 계 15
*卵 알 란 15

*一 한 일 29 38 39 45 83 84 85 107
*二 두 이 29 32 38 92 107
*三 석 삼 29 30 38 84
*五 다섯 오 38

十 자 가족
十 열 십 31~33 35 36 38 39 46 156
卄 스물 입 32
世 인간 세 32
華 빛날 화 33
七 일곱 칠 38
九 아홉 구 39 45

八(팔) 자 가족
八 여덟 팔 36~39 154
米 쌀 미 35 36
四 넉 사 31 38
六 여섯 육 38

日 자 가족
日 해 일 45 46 48~51 53 117
白 흰 백 45
旦 아침 단 45
旭 아침 해 욱 45
早 이를 조 46 76
時 때 시 46
春 봄 춘 46
晴 갤 청 46 53
暗 어두울 암 46
音 소리 음 46
星 별 성 50
晶 맑을 정 50

月 자 가족
月 달 월 30 48~51
明 밝을 명 49 71

*肉 고기 육 50

雨 자 가족
曇 흐릴 담 53 54
雲 구름 운 53 54
雨 비 우 54~57
雪 눈 설 55
電 번개 전 56
雷 우레 뇌 56

*傘 우산 산 57
*云 구름 운 54

水 자 가족
水 물 수 61~63 65 73 92
永 길 영 62
氷 얼음 빙 62
江 강 강 62 73
河 물 하 62

川 자 가족
川 내 천 29 30 61~63 66 73
州 고을 주 63

火 자 가족
火 불 화 64~66 73 92
炎 불꽃 염 65
熱 더울 열 65
烈 매울 열 65
災 재앙 재 66

木 자 가족
木 나무 목 69 70 72

本 근본 본 70 71
末 끝 말 71
未 아닐 미 71 126
林 수풀 림 72 73
森 수풀 삼 72
休 쉴 휴 72
校 학교 교 72

*交 사귈 교 72

山 자 가족
山 뫼 산 73
岩 바위 암 73

*石 돌 석 73 74

土 자 가족
土 흙 토 74 75 122
社 모일 사 75
坐 앉을 좌 75
座 자리 좌 75
生 날 생 50 76 125

草 자 가족
草 풀 초 76 117
花 꽃 화 77

人 자 가족
人 사람 인 72 73 75 77 81~84 87 90~92 97 118
大 클 대 83 84 90
小 작을 소 83
太 클 태 84
王 임금 왕 84
立 설 입 84
天 하늘 천 44 85
夫 지아비 부 85

化 될 화 77 87
北 달아날 배, 북녘 북 88 89
比 견줄 비 89
從 좇을 종 90
衆 무리 중 90
豕 돼지 시 90 118 155
旅 나그네 여 91
仁 어질 인 92

*血 피 혈 90 132 133
*皿 그릇 명 133

手 자 가족
手 손 수 98 99 101 102
掃 쓸 소 55
打 칠 타 98 99
投 던질 투 98 99
折 꺾을 절 98 99
技 재주 기 99

*丁 고무래 정 99 148
*殳 몽둥이 수 99
*斤 도끼 근 99

目 자 가족
目 눈 목 101~105 111
見 볼 견 102 126
看 볼 간 102
省 살필 성 102 103
盲 눈 멀 맹 103 104
民 백성 민 104
眼 잘 면 104
自 스스로 자 105 106
鼻 코 비 106 111
息 쉴 식 106

*少 적을 소 102

164

*亡 망할 망 103

心 자 가족
心 마음 심 106
悲 슬플 비 106
惡 악할 악 106
性 성품 성 106

口 자 가족
口 입 구 107 108 110 111 126
言 말씀 언 46 107 108
信 믿을 신 108
話 말씀 화 108
舌 혀 설 108
名 이름 명 108
同 한가지 동 108 150
各 각각 각 108
問 물을 문 110

*干 방패 간 108
*夕 저녁 석 108
*門 문 문 110 117

耳 자 가족
耳 귀 이 110 111
聞 들을 문 110

宀 자 가족
宀 집 면 116~119 124 148 149
宇 집 우 116
宙 집 주 116
家 집 가 117~119

*間 사이 간 117
*囚 가둘 수 118
*父 아비 부 121 122 127
*男 사내 남 121 122
*田 밭 전 56 121

戈 자 가족
戈 창 과 122
戰 싸움 전 122

成 이룰 성 122
城 성 성 122
國 나라 국 122

母 자 가족
母 어미 모 121 123 127
每 매양 매 123
海 바다 해 123

子 자 가족
子 아들 자 123~125 127
學 배울 학 124 127
孝 효도 효 127

*臼 절구 구 124
*爻 가로그을 효 124
*老 늙을 노 127

女 자 가족
女 계집 여 123 125 126
好 좋을 호 123
姓 성 성 125
姉 손윗누이 자 126
妹 누이 매 126

*兄 형 형 126 127
*弟 아우 제 126 127

足 자 가족
足 발 족 132
路 길 로 132
止 그칠 지 132 135 137
正 바를 정 132

彳 자 가족
彳 조금 걸을 척 137
行 다닐 행 137
街 거리 가 137

辶 자 가족
辶 쉬엄쉬엄 갈 착 137 139
道 길 도 138

遠 멀 원 139
近 가까울 근 139
進 나아갈 진 139
退 물러날 퇴 139
迎 맞을 영 139
送 보낼 송 139
逃 도망할 도 139
追 쫓을 추 139
速 빠를 속 139
通 통할 통 141

*首 머리 수 138
*束 약속할 속 139

車 자 가족
車 수레 차 141 142
連 잇닿을 연 141
轟 울릴 굉 142
軍 군사 군 142

*病 병 병 147
*疒 병들어 기댈 녁 147

貝 자 가족
貝 조개 패 148 149
財 재물 재 148
貧 가난할 빈 148
貯 쌓을 저 148
賣 팔 매 148
買 살 매 148

*才 재주 재 148
*分 나눌 분 148 154 156
*士 선비 사 148
*出 날 출 148

畐 자 가족
畐 가득할 복 149
富 부유할 부 149
福 복 복 149

*示 보일 시 149

金 자 가족
錢 돈 전 150
金 쇠 금 150 151 156
銀 은 은 150 151
銅 구리 동 150 151
鐵 쇠 철 151
針 바늘 침 156

*工 장인 공 151

刀 자 가족
刀 칼 도 154
切 끊을 절 154
判 판단할 판 154
劇 심할 극 155

*半 반 반 154
*虎 범 호 155

糸 자 가족
糸 실 사 156 157
絲 실 사 156
細 가늘 세 156
系 이어 맬 계 156
約 맺을 약 156
紛 어지러울 분 156
結 맺을 결 156
終 마칠 종 157

*吉 길할 길 156
*冬 겨울 동 157

165

나의 꿈, 나의 생각에 날개를 달아 주는
이어령의 춤추는 생각 학교 시리즈를 소개합니다.

**대한민국 국보급 지성
이어령이 쓴
어린이를 위한
창의력 교과서**

이 시리즈는 지난 50여 년 간 '이 시대 최고의 지성인'이라 불리며 150여 권의 저서를 남긴 이어령 선생님이 쓴 유일한 어린이 책입니다. 이어령 선생님은 빠르게 변하는 정보화 사회에서 어린이들에게 가장 필요한 것은 '가슴으로 생각하고, 머리로 느끼는 유연하고 창조적인 사고'라고 이야기합니다. 이 책에서는 창의적인 생각을 키우는 이어령 선생님만의 특별한 생각 연습법들을 어린이 눈높이에 맞춰 풀었습니다.

**개념 정리에서
응용 방법까지……
생각의 모든 것을 담았다!**

이 시리즈는 우리 어린이들이 일상생활에서 쉽게 생각의 힘을 키워 나갈 수 있도록 그 방법들을 체계적으로 구성하였습니다. 일곱 가지 생각 도구들을 이야기하는 1권 《생각 깨우기》와 여덟 가지 생각 원칙을 이야기한 2권 《생각을 달리자》를 비롯해, 우리말로 생각하기, 한국인으로 생각하기, 발명·발견으로 생각하기, 환경 보고 생각하기 등 전 10권으로 되어 있습니다. 학교와 집에서 보고 배우는 모든 것들에서 생각을 발견하고, 키우고, 응용하고, 새로운 생각으로 발전시킬 수 있는 방법들을 담았습니다.

**생각 학교에서 놀다 보면
창의적인 생각이 자란다!
생각이 즐거워진다!**

이 시리즈는 쉽고 재미있는 이야기로 쓰여 있습니다. 흥미진진하게 전개되는 맛깔난 이야기들을 따라가다 보면 '아, 생각은 이렇게 하는 거구나!' 하고 저절로 깨닫게 됩니다. 또한 각 이야기마다 지식 하나에서 여러 가지 의미를 발견하고, 이를 섞고 버무리며 다양한 관점에서 생각해 볼 수 있게 하고 있어, 책을 읽다 보면 생각이 꼬리에 꼬리를 물고 뻗어 나가는 놀라운 경험을 할 수 있을 것입니다.

**다양한 분야의 지식과
정보를 넘나드는
통합 교양 상식 백서**

이 시리즈에는 방대한 지식과 교양이 담겨 있습니다. 엉뚱한 호기심, 작은 생각 하나로 세상을 변화시키고 인류의 삶을 풍요롭게 만든 인물들의 이야기, 그리고 동·서양의 문화 속에 녹아 있는 다양한 생각과 정서까지…… 옛이야기와 신화, 그리고 역사, 인물, 예술, 과학 이야기를 넘나들며 다양한 교양과 지식을 맛볼 수 있게 했습니다.

**생각의 힘을 더하는
철학적인 그림!**

이 책의 그림들은 책 내용을 상징적이고 추상적으로 표현해 내며 아이늘의 상상력을 자극합니다. 그림 속 숨은 의미들을 생각하며 읽어 나가는 사이 아이들의 사고력은 한 뼘 더 자라날 것입니다.

**내 생각이 근질근질해지는
책 속의 책**

부록 '책 속의 책'에는 책의 내용에서 한 발 더 나아가 책 속에서 얻은 지식들을 '내 것'으로 만들 수 있도록, 보다 구체적인 실례들을 담았습니다. 부모님들과 아이들이 함께 만들어 가는 장으로, 이 책을 읽는 어린이들이 아는 것에 그치지 않고 매일매일 생각하는 습관을 만들어 나갈 수 있게 도울 것입니다.